本书由北京印刷学院科技创新服务能力建设—高精尖学科建设—新闻传播学项目（项目号：04190120003）基金资助出版

融媒体时代的出版与传播

张 聪
主编

刘 欠　李梓豪　周奕歌　蒋 怡
副主编

知识产权出版社
全国百佳图书出版单位
——北京——

图书在版编目（CIP）数据

融媒体时代的出版与传播／张聪主编；刘欠等副主编. —北京：知识产权出版社，2021.12

ISBN 978-7-5130-8037-8

Ⅰ. ①融⋯ Ⅱ. ①张⋯ ②刘⋯ Ⅲ. ①电子出版物—出版工作—研究 Ⅳ. ①G237.6

中国版本图书馆 CIP 数据核字（2021）第 278711 号

内容提要

随着融媒体的发展，技术发挥了越来越大的作用，传媒业和出版业经历了解构与建构的发展历程，进入了一个多种传播技术交融汇聚的数字化全媒体时代，呈现出崭新的发展业态。本书以融媒体时代的出版与传播为研究对象，对融媒体时代出现的新的出版和传播形象进行全方位的解读，为宏观把握融媒体时代的发展态势提供了多角度的研究与思考。

本书适合媒体及出版领域相关人员阅读使用。

责任编辑：李海波　　　　　　　　责任印制：孙婷婷

融媒体时代的出版与传播
RONGMEITI SHIDAI DE CHUBAN YU CHUANBO

张　聪　主编

刘　欠　李梓豪　周奕歌　蒋　怡　副主编

出版发行	知识产权出版社有限责任公司	网　址	http://www.ipph.cn
电　话	010-82004826		http://www.laichushu.com
社　址	北京市海淀区气象路 50 号院	邮　编	100081
责编电话	010-82000860 转 8582	责编邮箱	lihaibo@cnipr.com
发行电话	010-82000860 转 8101	发行传真	010-82000893
印　刷	北京中献拓方科技发展有限公司	经　销	新华书店、各大网上书店及相关专业书店
开　本	720mm×1000mm　1/16	印　张	12.75
版　次	2021 年 12 月第 1 版	印　次	2021 年 12 月第 1 次印刷
字　数	182 千字	定　价	65.00 元

ISBN 978-7-5130-8037-8

出版权专有　侵权必究

如有印装质量问题，本社负责调换。

序　言

　　媒体融合发展可以分为三个阶段：全媒体阶段、融媒体阶段和智能媒体阶段。这三个阶段也呈现不同的特征。在全媒体时代，媒体融合是物理层面的变化，而在融媒体阶段则是化学反应，在这样的背景下出版与传播都经历了巨大的变革。在本论文集中，对关于融媒体时代的出版与传播的发展进行了各方面的分析探究，既包括智能语音技术、短视频、人工智能等新兴技术在当下的发展，又包括后真相、在线教育等热点现象在当下媒体环境中的变化探讨。

　　在《无障碍传播视角下视障群体的微信使用行为研究》中，依托无障碍传播理论，以 20 位视障人士为对象，研究视障群体的微信使用行为；研究发现，视障人士可以正常使用微信的基本功能，但是对于诸如表情包和微信支付之类的复杂功能，难以实现较为良好的使用体验。在《论媒体与政府在公共领域的商谈实践》中，研究发现，通过政府主动参与、媒体积极引导的商谈模式，可以发挥媒体的舆论监督作用，也可以更好地提高政府的办事效率，促进政府、媒体与公众在公共领域的良性互动。在《创新与限制：基于短视频的城市形象传播建构——以"抖音中的城市"为例》中，作者提出城市形象的传播不再局限于官方话语和宏大的叙事，而成为大众化、平民化的传播行为，传播视角、传播形式、传播影响都较传统媒体时代有了更大的改观。与此同时，由于短视频本身并不是一个完全自由的场域，内容的生产必须遵循平台固有的逻辑，这又使得利用短视频进行城市形象传播的建构受到了许多限制。在《智能语音技术的发展对未来新闻业的影响探究——以智能音箱为例》中，作者提出智能音箱等新型媒介颠覆了传统的新闻生产传播模式，音频正成为媒体融合中不可或缺的一环，并且正深度融入媒体原有采编流程；通过研究应用人工智能技术的智能音箱的发展和趋势，探析未来新闻媒体在智能语音技术方面的发展新路径。

随着网络技术的迅猛发展，传媒业将进入一个多种传播技术交融汇聚的数字化全媒体时代。与此同时，互联网成为传播的重要平台，数字出版成为出版业未来的发展形式之一，这就引发了传播与出版的新局面和新问题。如何应对这些新局面和新问题成了当下的发展之重。本论文集立足融媒体时代现象和技术两大领域，希望能给读者带来更多的思考。

目 录

无障碍传播视角下视障群体的微信使用行为研究············ 李苏泽宇　1

论媒体与政府在公共领域的商谈实践············ 姚惟怡　崔玉可　30

创新与限制：基于短视频的城市形象传播建构
　　——以"抖音中的城市"为例············ 刘　欠　37

后真相时代网络暴力的成因及应对策略研究············ 茹亚玲　46

国产网络游戏在国际传播中的作用研究············ 张志宇　65

小说电视剧化与小说动漫化的比较分析············ 范明坤　75

智能语音技术的发展对未来新闻业的影响探究
　　——以智能音箱为例············ 何　婷　85

解码《新京报》的"动新闻"············ 蒋　怡　95

科技期刊短视频传播实践研究
　　——以《自然》期刊 Nature Portfolio 为例············ 周奕歌　112

基于福格行为模型的学术期刊短视频运营策略分析············ 李梓豪　122

边界·参与·责任
　　——人工智能思维下编辑人才培养范式的思考与革新······ 石　尚　130

美食短视频的符号构建与文化撒播
　　——以李子柒为例············ 王佳恋　141

论大规模在线教育情境下新闻传播教育的应对模式············ 龚媛媛　151

环境传播视域下自然类纪录片的叙事创新策略分析
——以《七个世界 一个星球》为例 …………… 兰凤莲　160
"土味文化"刍议
——成因、冲突与应对之策 …………………… 王欣昱　172
全媒体时代下新闻传播人才培养的策略研究 ……………周　榕　178
矩阵化传播：《凤凰周刊》的新媒体转型路径探索 ………张振峰　189

无障碍传播视角下视障群体的微信使用行为研究

李苏泽宇

（北京印刷学院）

【摘　要】微信在人们日常生活中扮演的角色越来越重要，不仅成为获取信息的重要途径，也成为每一个人工作、生活中不可或缺的工具，其中也包括视障群体。《2018 视障网民移动资讯行为洞察报告》中指出，91%的视障用户以聊天为使用手机的目的，71%的视障用户通过微信获取资讯。本研究在无障碍传播理论下，以视障群体为研究对象，采用深度访谈法研究视障群体的微信使用行为，以期促进微信对于信息无障碍及传播无障碍功能的改进。笔者了解到微信已经融入包括视障群体在内的各类群体日常生活中。视障群体借助智能手机和读屏软件，也可以享受社会生活。但微信对于这类群体也存在无障碍适配的问题，如表情包的无障碍适配不佳、微信支付密码输入不能读屏等，这些问题阻碍了视障用户更好地使用微信。研究发现，视障用户可以正常使用微信的基本功能，但是对于诸如表情包和微信支付之类的复杂功能，难以实现较为良好的使用体验。本研究在改进视障群体的微信使用上提出以下几点建议：一是从视障群体需求来说，微信方应定期邀请视障群体参与软件内测；二是从产品设计的角度来说，微信与手机和软件厂商应深度合作；三是从微信内容的角度来说，应增加智能识别图片内容功能。本研究希望通过对视障群体微信使用行为的研究让社会对于无障碍传播事业有更多的关注，为视障群体提供更好的无障碍传播服务，让更多的视障用户享受更好的无障碍生活。

【关键词】无障碍传播；微信使用行为；视障用户

一、绪论

（一）研究背景

互联网技术、移动通信技术和内容分享平台的不断发展使越来越多的用户可以参与到网络社交中。2021年2月中国互联网络信息中心（CNNIC）发布的第47次《中国互联网络发展状况统计报告》指出，截至2020年12月，我国网民规模为9.89亿，其中手机网民规模达9.86亿，网民中使用手机上网的比例高达99.7%。而中国网民对各类网络应用的使用率统计中，即时通信占网民整体的99.2%，用户达9.81亿。报告还指出微信朋友圈在典型社交应用中占比最高，使用率达85%[1]。腾讯旗下即时通信产品"微信"在该领域中维持优势地位。作为时下最热门的手机社交媒体，微信正在一步步地改变人们的沟通与生活方式。其中包括视听障碍者在内的残障人群，他们是中国9.86亿手机网民中不可忽略的一部分。《2018视障网民移动资讯行为洞察报告》指出，91%的视障用户以聊天为使用手机的目的，71%的视障用户通过微信获取资讯。

2021年4月7日，工信部发布《互联网网站适老化通用设计规范》和《移动互联网应用（App）适老化通用设计规范》，指出相关互联网网站、App在2021年9月30日前参照上述文件完成适老化及无障碍改造后，可分别向中国互联网协会、中国信息通信研究院申请评测[2]。

对视障用户来说，手机媒介的使用是他们日常生活中不可分割的一部分，根据腾讯QQ《视障人士在线社交报告》，超过90%的视障用户认为他们的生活需要互联网[3]。视力障碍和缺失，让新媒体特别是智能手机成为视障用户的主要沟通渠道。不仅如此，基于大数据的智能技术完全有可能为视力残障者提供更多特殊服务，使其更好地融入社会。然而作为弱势群体，视障用户往往处于媒体关注的边缘，他们在新媒体的使用和表达过程中的基本需求容易被忽视。如果长此以往，这种处境就会形成恶性循环，对社会发展将造成十分不利的影响。

（二）研究意义

1. 现实意义

微信作为全国拥有最大用户群体的通信社交平台，对人们的生活具有深远的现实影响。截至2020年3月，微信和WeChat的合并月活跃账户数超过12亿，已成为连接各行业的开放平台，把人、服务、智能设备连接起来。2019年10月14日，腾讯QQ发布《视障人士在线社交报告》，在6869份问卷中高达74%的视障用户上网的首要目的是社交。研究视障用户使用微信的实践情况，有利于促进微信对于信息无障碍及传播无障碍功能的改进，由此服务于视障用户的实际生活，为视障用户提供更为便捷的社交环境。同时，也可扩大无障碍化的传播范围，以企业之力向社会传达无障碍传播理念，促进社会对视障用户社交需求的关切，形成关爱视障群体的社会风气。

2. 理论意义

传播学家麦奎尔说过："传播是社会大众共有的权力，权力必须建立在公平、平等、多元的基础上，弱势群体的权力必须得到特别的保护和尊重，才能使媒介参与能够正常运作。"[4]本课题可以完善关于微信无障碍传播的研究视角和理论分析，在专注研究微信的使用场景中，无障碍传播是如何进行的，视障群体如何在微信这一传播场域中寻求自我认同。现有的微信相关研究多数针对微信的商业模式、具体功能应用场景及针对普通的无使用障碍的用户使用行为研究，缺少聚焦视障群体的微信使用行为研究。

（三）研究问题

本研究包括以下问题：①视障群体的微信使用能力及使用习惯。②视障群体的线上、线下与己相关的公共事务参与行为。例如，主动了解新闻消息，参加微信群中组织的线下活动或当地盲人协会等组织的线下活动等。③视障群体在使用微信朋友圈、微信聊天等功能时的心理活动。④视障群体日常使用微信娱乐情况。⑤视障群体使用各种读屏软件及读屏软件与微信适配情况。

（四）研究方法

1. 深度访谈法

访谈期间，笔者走访了中国盲文图书馆及北京市两家盲人按摩馆，同时借助网络，联系了快手、抖音两款 App 的视障用户，选择了包括歌手、按摩师、无障碍研究工程师、盲文图书馆管理员等各行业20位视障用户，同他们进行接触和交流，了解视障用户使用微信的行为，包括微信使用时间、地点、心理状况等，了解视障用户使用过程中微信无障碍适配情况和问题，从而总结出适用于大多数视障用户微信使用的情况并提出有针对性的问题分析和解决策略。

2. 研究假设

（1）视障用户使用微信行为与明眼人使用微信行为存在差异。

（2）视障用户使用微信与明眼人使用微信对日常生活的影响存在差异。

（3）视障用户使用微信存在无障碍适配问题。

（4）视障用户使用微信存在的无障碍适配问题需要全社会共同努力。

（五）理论基础

1. 无障碍传播理论

"无障碍"一词的原始说法是 Barrier-free 或者 Accessible，也可翻译为"亲和力"和"可及性"。20世纪50年代，丹麦人卞·迈克逊（Bank-Mikkelsen）首先提出了正常化原则的概念。正常化原则主张残疾人士都应该接受良好的教育，并且尽可能与普通人生活在一起。瑞典人本·那杰（Bengt Nirje）继承和发扬了卞·迈克逊的观点，其发表的第一篇正常化原则的论文，向人们诠释了正常化原则的精神内涵[5]。

"无障碍"即"没有障碍"。"无障碍"理念是一个系统，它包括物质环境无障碍、信息使用和交流的无障碍。物质环境无障碍主要是要求城市道路、公共建筑物和居住区的规划、设计、建设应方便残疾人通行和使用；信息使用和交流的无障碍主要是要求公共传媒应使听力、言语和视力残疾者能够无障碍地获得信息，进行交流，如影视作品、电视节目的字幕，电视手语，盲人有声读物等。实际上，在实践领域，"无障碍"最初只是用于物质环境建设中，后来被引入信息科学，有了信息无障碍的概念，亦即信息使用和交流的无障碍。目前，"无障碍"理念已经被广泛认可和接受，并被引入不同的学科和领域中。

从整个社会的"无障碍"传播研究来看，樊戈对我国三类共 131 个政府网站首页进行了评估和分析，发现没有一个首页符合 WCAG 1.0（Web 内容无障碍指南 1.0）优先级的检查规则。基于这种状况，钱小龙和康翠在其《政府门户网站的无障碍化建设综述》一文中着重强调了政府网站首先进行无障碍化建设的重要性，并详述了政府网站无障碍化的基本技术要求，以期为相关网站设计者提供有益的参考[6]。唐思慧则从分析信息无障碍的概念入手，认为信息无障碍必然且首先包括电子政务的无障碍，必须从普遍设计原则与无障碍标准两方面探讨电子政务信息无障碍的实现[7]。

从网络无障碍建设领域来看，孙祯祥教授针对这一课题发表了若干论文，通过从教育网站、政府网站等不同角度对无障碍导航设计、无障碍评价等进行阐述以唤起全社会对信息无障碍网络环境构建的重视[8]。蒋淑君是较早关注网页无障碍设计的研究者，在其《网页界面设计中的残疾人用户可访问性分析》一文中，她分别针对视觉、听觉、言语、行动、认知五类障碍提出了有关网页无障碍设计的一些基本要求和设计理念[9]。齐向华和付宁的《面向视障用户的网络无障碍问题研究》一文主要分析了读屏软件开发与应用中遇到的问题和障碍[10]。类似的研究还包括落红卫和王新京的《通信终端信息无障碍的设计思考》、陈威刚的《网络无障碍技术研究及成果》等。首都师范大学的孙庆华在其硕士论文中阐述，通过对网站的技术测试及对盲人用户的访谈发现很多网站建设根本没有把视障用户考虑在内，网站建设在色彩、表格、图片、按钮处没有经过技术处理，导致读屏软件无法读出、错误识别或者出现大量重复等现象。针对此问题，作者提出了技术改进的几点建议，如不要使用表格进行布局、优化和简化表格的设计、利用标签充分描述表格、允许用户更改时间限制等。

国外学者对传统媒体尤其是电视媒体无障碍技术的关注比较多，他们的关注点主要在于电视媒体嵌入式字幕（Captions）、字幕解说（Subtitle）及手语翻译（Sign Language）等。例如，奥地利维也纳大学的英格丽德·库尔兹（Ingrid Kurz）教授的《作为听觉障碍群体信息来源的电视：奥地利电视节目中的嵌入式字幕以及手语》一文简要介绍了奥地利广播公司（ORF）为听觉障碍群体提供信息服务的历史[11]。葡萄牙学者何塞利亚·内维斯（Josélia Neves）一直致力于感官无障碍（Sensory Accessibility）的研究，其在英国伦敦罗汉普顿大学的博士论文《音像翻译：为听障者提供的字幕研究》及多篇文章致力于推动解决视障和听障者媒介接触与信息无障碍的问题[12]。

综上，国内外的无障碍传播的主体选择大都从社会、传统媒体、网站建设三个层面出发，通过对传播语态、传播过程的深入分析，得出目前无障碍存在的困境，缺乏由企业主导的无障碍传播的产品实践的相关研究。

本文将无障碍传播界定为克服感官功能缺失到达特殊受众的信息传播过程，特指对视障群体进行有效传播的过程与结果。从传播的过程来看，无障碍传播包括信息传递的无障碍与信息接收的无障碍，它不仅指信息到达技术上的无障碍，也指感官功能缺失者信息接收过程的无障碍。

2. 自我认同理论

学者们近代以来常以"认同"一词作为研究主题。对"我是谁？我在哪儿？我将要去向何处？"等问题的回答也是研究者最热衷的主题。詹姆斯·鲍德温（James M. Baldwin）认为认同是"承认某一事物与其他事物的不同，其中也包含了这一事物自身的统一性中所具有的内部所有变化和多样性"。1890年，威廉·詹姆斯在其著作《心理学原理》一书中对自我的问题进行了介绍，他认为自我主要有物质的自我、社群的自我、精神的自我及纯粹的自我。威廉·詹姆斯认为个体的思想、情感及行为方式都是由自我决定的。以往的普遍观点认为特征的集合就是自我认同，它包含了个体的年龄、地域差异、肤色特点、职业、性别、宗教信仰及种族等特征。但在现在来说，特征的集合这一范畴已经不能诠释自我认同的内涵，它是个体对"我是谁？"的追问，是个体对自我的辨别与确定，它也是一种归属感，是个体对自己在社会中所扮演的角色、所处的社会地位及自身存在价值的确认[13]。安东尼·吉登斯在《现代性与自我认同——现代晚期中的自我与社会》一书中提出："自我认同是个体对自身的生活经历进行反思性理解而形成的自我。"也就是说，安东尼·吉登斯认为自我认同是个体对自我存在意义和价值的追问，是个体对自我身份和自我归属的确认[14]。

目前普遍认可的自我认同感量表，由奥克斯和普拉格根据埃里克森的理论编制而成。此量表包含19个项目，采用1（完全不适用）至4（非常适用）四级计分。反向题目经反向记分后，计算问卷总分，得分越高，表明被试的自我认同感发展良好；得分越低，表明被试的自我认同感还在发展和形成阶段。

本文从自我认同的角度研究低视力视障用户使用微信行为的动机、心理、使用场景、使用时间、使用目的、态度和建议等要素并着重研究其背后的社会价值。

3. 关于视障群体微信使用行为的研究

微信是由腾讯公司于2011年1月推出的支持iOS、Android（安卓）、Windows Phone、塞班、黑莓等手机系统的第一款提供即时通讯服务的免费手机应用程序。自2011年推出以来，微信成为全国拥有最大用户群体的通信社交平台，截至2020年3月，微信和WeChat的合并月活跃账户数超过12亿，已成为连接各行业的开放平台，把人、内容、服务、智能设备连接起来。

赵希婧关注中国传媒大学组织发起的为视障用户释读电影的公益项目"光明影院"，基于使用与满足理论，探讨了无障碍电影在视障青少年中的使用与效果。通过调查研究发现：视障青少年的受教育程度对于他们是否接纳无障碍电影具有正向预测力；视障青少年是否接触无障碍电影及他们对电影媒介的知觉易用性，对于他们获得电影所带来的精神文化满足具有预测作用[15]。

张砚聚焦河南省视障碍者的微信使用，以此进行对于手机社交媒体的无障碍传播研究。通过文献调查及深度访谈的方法了解并发现了手机社交媒体已深度进入视障碍者的生活。但由于无障碍技术及视障碍者自身的心理原因，视障碍者的微信使用以缓慢的速度过渡至Web 3.0时代[16]。

王东丽、巢乃鹏重点采用文献分析与深度访谈的方法，对视障者的微信使用行为及其与己相关的公共事务参与行为展开研究。研究发现，微信加剧了人际交往中的强弱关系，通过微信强化的"强关系"交际网络，在一定程度上限制了视障者对与己相关的公共事务的参与，微信使用对受访者线上的与己相关的公共事务参与影响较为显著，对其线下的与己相关的公共事务参与影响并不明显[17]。

杨星星、郭东颖以一所盲哑学校中的视障学生为研究对象，调查和分析这一群体如何将新媒体运用到日常学习、娱乐和交往活动中。调查发现，手机和新媒体的使用为盲哑学校的视障学生拓展了线上和线下的学习、娱乐与交往空间，逐渐形成了一个立体化的生活空间，但视障学生的新媒体使用实践仍旧受到较大限制[18]。

可以发现，微信的研究主要针对平台的运行机制，对于无障碍传播的效果研究资料较少。本文从自我认同的视角切入，探究微信在无障碍传播领域对于低视力视障用户人群态度和行为产生的影响，为微信无障碍化作出一定的贡献。

（六）研究创新性及不足

本文以视障群体为研究对象，以深度访谈为研究方法，将微信视障用户的使用行为纳入研究范畴，研究该类社会弱势群体的微信使用场景、使用时间、使用目的、态度和建议等要素并着重研究其背后的社会价值，分析无障碍传播下视障群体使用微信的实际效果。从用户的反馈结果，探究微信的无障碍传播存在的问题和不足，从而提出相应的解决策略。

我国关于无障碍传播的研究不多，关于微信的无障碍传播的研究更是少之又少，由于研究的特殊性及无障碍传播的复杂性，加之笔者研究能力和水平有限，以及理论功底不够深厚，相关理论分析的深刻程度还较欠缺。

二、视障群体微信使用现状调查

（一）调查对象：视障群体用户

1. 视障者定义及视力残疾分级

《第二次全国残疾人抽样调查残疾标准》中提到，视力残疾，是指由于各种原因导致双眼视力低下并且不能矫正或视野缩小，以致影响其正常生活和社会参与。视力残疾包括盲及低视力，视觉障碍者简称视障者。视力残疾分级见表1。

表1 视力残疾的分级

类别	级别	最佳矫正视力
盲	一级	无光感＜0.02；或视野半径＜5度
	二级	0.02～＜0.05 或视野半径＜10度
低视力	三级	0.05～＜0.1
	四级	0.1～＜0.3

资料来源：《第二次全国残疾人抽样调查残疾标准》。

盲或低视力指双眼，如果双眼视力不同，则以视力较好的一眼为准。如仅有单眼为盲或低视力，而另一眼的视力达到或优于 0.3，则不属于视力残疾。视障不等于全盲，视障者可以借助读屏软件、放大镜等看事物。

2. 深度访谈概述

本研究于 2021 年 1 月 5 日至 2021 年 4 月 19 日选择了来自各领域的 20 位视障用户进行深度访谈，了解视障用户使用微信的行为，包括微信使用时间、地点、心理状况等，采用线上访谈和线下面谈等方法，了解视障用户使用过程中微信无障碍适配情况和问题，从而总结出适用于大多数视障用户微信使用的情况并提出有针对性的问题分析和解决策略。

3. 对采访者的选取

笔者通过线上留言、线下走访等方式一共选取了 20 位视障用户进行采访，年龄为 19~59 岁，职业包括按摩师、主播、无障碍工程师、人工智能工程师、图书馆管理员等。

4. 采访数据的收集

本研究的采访采用面对面交谈和线上语音两种形式。面对面时的采访地点分别在中国盲文图书馆和北京某盲人按摩馆。本研究的线上采访，大部分使用微信语音通话，通话过程中使用录音功能，采访后通过对录音文件的整理形成采访数据。除此之外，结合与受访者的微信文字聊天功能，形成更全面的采访资料。线下采访同样采用录音功能。由于线下采访面对面的性质，笔者可以观察受访者的动作、表情、神态等要素。

5. 数据分析和处理

对采访数据进行整理后，按照采访顺序排列每一位受访者的性别、所在地、年龄、视力类别、职业、微信使用情况等信息。为保护受访者隐私，姓名等信息将被隐去。

（二）微信的无障碍传播适配情况

1. 手机机型适配

通过采访 20 位视障用户，笔者发现华为手机和苹果手机的使用者最多，有 10 位视障用户使用华为手机，6 位视障用户使用苹果手机，其中有 3 人同时使用华为手机和苹果手机；其余 4 人分别使用 vivo、红米、OPPO 及点明盲人手机（图 1）。

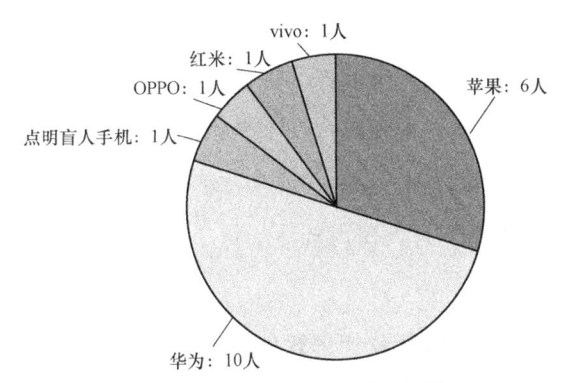

图 1　视障用户使用各品牌手机情况

视障用户通常需要借助读屏软件才能正常使用手机（图 2）。在苹果手机中，有预装的旁白功能。在华为手机中，有预装的 TalkBack（盲人模式）功能。除此之外，安卓手机还有点明 App、保益悦听 App、解说 App 等软件。

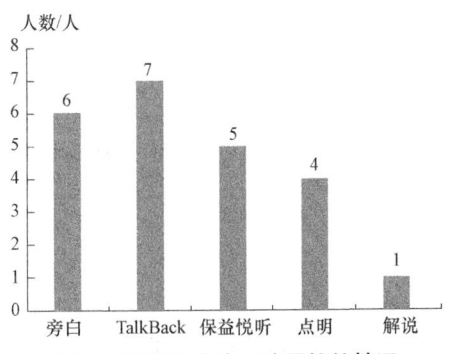

图 2　视障用户使用读屏软件情况

现如今，所有的主流机型和读屏软件都支持对微信的读屏，苹果手机的旁白功能凭借底层嵌入的读屏框架赢得了 5 位视障用户的认可。6 位使用苹果手机的视障用户只有 1 人不习惯苹果系统的操作逻辑，所以日常较少使用苹果手机。

"还得是苹果，读得很全面。"（S2，男，37 岁，一级盲）❶

"这个（苹果手机）的软件都是从它的系统开发一起升级一起调整的，所以它这个稳定性很好。"（S3，女，25 岁，一级盲）

但并不是所有机型和读屏软件都可以做到好用。例如，对于华为手机预装的 TalkBack，有 4 位视障用户并不是很满意。

"TalkBack 只能阅读一些简单的文字信息。"（S2，男，37 岁，一级盲）

"华为的谷歌框架在进入国内后被拿掉了，后来一直不太行。"（S7，男，35 岁，一级盲）

对于点明和保益悦听两款读屏软件，9 位使用者都认为日常使用微信足够了。

"点明我不适应它的操作。因为它的输入法太集成，就是你得用，你不用它不好使，有时候你把读屏关闭了，别人帮你输入点儿东西，字真不往屏幕上走。"（S12，男，30 岁，一级盲）

解说 App 目前受众较少，但因其支持用户自主编程来实现更便捷的操作手势，所以也受到了愿意进行媒介接触的视障用户的青睐。

"解说这个读屏是 2018 年才出的，比点明和保益悦听晚了好几年。但是解说可以自己编程。比如说我可以设置一个快捷按钮，只要点一下就可以自动打开微信扫一扫，这比自己一级一级点菜单方便多了。"（S20，男，19 岁，一级盲）

---

❶ S2，即受访者代号，本文共 20 位受访者。其中，S17 和 S18 两位受访者没有具体的采访内容，仅在使用手机型号和读屏软件调查中有所涉及。

2. 微信功能适配

本研究考察的微信常用功能主要包括文字聊天（表情包）、语音聊天、收发红包（转账）、朋友圈、小程序、视频号、微信支付等。

经过调查研究，所有机型和读屏软件都支持文字和语音聊天功能。但在发送和接收表情包时，苹果手机的旁白只能读出带有文字内容的表情包，纯图片表情包则会读出"表情"两个字；华为手机的 TalkBack 则完全不能读出表情包；点明 App、保益悦听 App、解说 App 这三款读屏软件只能读出部分表情包。

对于微信聊天中的收发红包（转账）功能，目前所有主流机型和读屏软件都可以读出金额、数量、红包和转账备注。

查看朋友圈时，所有主流机型和读屏软件都可以读出朋友圈中的文字内容，对于图片内容，则各有不同。苹果手机的旁白可以识别出人物、风景、物体，但不能具体详细地描述细节；华为手机的 TalkBack 不能读出图片内容，只能识别出是图片，其余的三款读屏软件同样如此。发送朋友圈时，苹果手机可以在选择图片时读出照片拍摄的时间，便于视障用户选择自己想要发送的图片；而安卓手机的 TalkBack 及其余三款读屏软件都不具备这一功能。

对于微信支付功能，苹果手机的旁白功能可以读出视障用户输入的密码，便于使用者确认输入的密码是否有误；但安卓手机的 TalkBack 在输入密码时无法读出密码；点明 App 则需要用户关闭读屏软件才能正常输入密码。

小程序这一功能比较复杂，使用的受访者只有 3 人。对视障用户来说，小程序的使用存在难度。

"小程序里面那个北京健康宝，每次要刷脸认证的时候，我就得让别人帮我弄，因为不支持读屏。上次是打车司机帮我弄的，他一开始没看出来我是盲人，以为我不会用呢。"（S20，男，19 岁，一级盲）

对于视频号，只有 1 位视障用户使用。根据他的描述，视频号与读屏软件的适配情况不佳。

"无障碍可以用，但是有个问题，一点开视频号以后它就开始播放，这个应该设置一个播放和暂停，要不它的声音和读屏软件的声音有点儿冲突，听不太清。比如说你一点开这个视频号，它就开始播放了，然后声音就出来了，但是和你的读屏也在说话，相当于被掩盖掉了，有时候听得不太清楚。"（S7，男，35 岁，一级盲）

3. 微信反馈适配

与其他移动 App 相比，微信接到视障用户无障碍适配问题反馈后，问题可以得到快速解决。

"像某美食健康类 App，读屏软件根本没法用，只能把读屏软件关了再进去，反馈了好几次。它有时候让我上传图片以及无障碍的问题，我怎么上传图片呢？结果更新完，还是那样。微信刚升级到 8.0 的时候，读屏软件不读通讯录，后来我们反馈了几次，用了没多久就修复了。"（S20，男，19 岁，一级盲）

"微信 8.0 更新了一个提取文字的功能，我们研究会跟微信已经提议很久了，这个功能经过我们调研，绝大多数视障用户实际上是需要这个功能的，因为别人发图片不知道里面是什么文字，他（视障用户）至少知道别人发的图片里面有文字。微信的这种功能上的增加还是很谨慎的，所以微信这种反馈响应速度还是很快的。"（S5，男，33 岁，一级盲）

（三）视障用户微信使用的问题

1. 系统设置不体贴：视障用户体验不佳

微信的一些功能没有考虑到视障用户的使用体验，包括群聊、小程序等。一位视障用户表达了自己的观点：

"登录微信的时候，以前输入手机号或者是微信账号，输入密码直接就登上去了，可是现在呢，互动滑块完成拼图不说，还得好友验证，如果说好友不方便通过短信验证发什么字母。这个吧，对明眼人来说很好操作，但是对我们盲人来说它就不好操作了，比如说发短信他得输入字母，就这个字母就麻烦。"

"打个比方，我是群主，谁邀请谁加入群聊去确认，可是吧，我直接点点不进去，我就得把读屏关了，再点确认。如果能像收红包一样点一下就确认就好了。还有就是微信群谁退群了我这儿没有提示，还得翻半天才能找到。"

"小程序在主页下拉就会出来，我经常会误操作，拉下来之后就回不去了，只能把读屏关了才行。要不就把小程序放在别的地方，否则每次一划就误触了。"（S8，男，33岁，一级盲）

2. 功能性设计不完整：表情包等图片识别困难

微信的表情包主要有两种，一是表情商店中的表情，二是用户自主上传的表情。这两种表情包中只有发送和接收含有明显文字的表情才能使读屏软件正常朗读。有三位视障用户是这样说的：

"我们现在聊天的内容都非常全面地给我读出来，但是后面加的句号、逗号、感叹号等标点符号都不会读。有的表情包只有在发出去前会读，发出去就不读了。"（S3，女，25岁，一级盲）

"表情包有的能读有的不能读，一般像'早上好''晚安'这种有文字的才能读。"（S1，女，23岁，一级盲）

"我跟盲人读者沟通的时候，他们就说要借书或者查书什么的，随时可以帮他们查，然后这种（表情包）的话他们用得比较少，很少有人用表情来回复，我发现是这个问题。"（S9，女，39岁，一级低视力）

3. 手机软件更新不及时：读屏软件与微信产生软件冲突

读屏软件的更新是否及时，对视障用户使用微信的体验感会产生很大影响。两位视障用户是这样说的：

"前段时间微信更新了8.0版本，然后好多功能都改了，某读屏软件就永远是推卸责任，就是不给接口什么的。我有时候就退一步说，盲人软件这些研发公司啊，永远是等的思路，就等着人家给你东西，人家凭什么给你呀？"（S12，男，30岁，一级盲）

"我用解说App，然后在微信支付页面，触摸键盘时不读数字，只能用临时键盘输入。这个其实就是读屏软件和微信的冲突，但是人家还可以，给了一个临时键盘可以输入。"（S20，男，19岁，一级盲）

三、视障用户微信使用行为调查

（一）视障用户微信使用场景

1. 视障用户微信使用时间情况

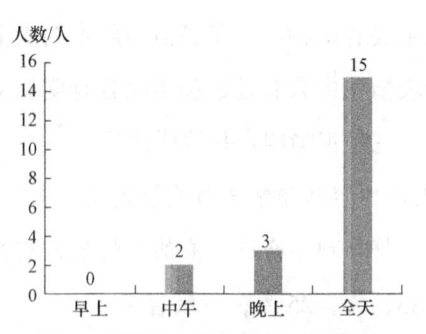

视障用户微信使用时间情况见图3。

图3 视障用户微信使用时间情况

从视障用户的微信使用时间来看，20位受访者中有15位都是全天使用。他们是这样形容的：

"没有什么固定的时间，有消息就回。"（S7，男，35岁，一级盲）

"已经离不开微信了，早上醒来第一件事就是看微信。"（S8，男，33岁，一级盲）

从其余5位受访者来看，他们的微信使用都在中午和晚上。这部分用户是这样解释的：

"每天工作很忙,从家去按摩店要很远,白天嘛就没有时间看手机,只能回了家再说。"(S12,男,30岁,一级盲)

"早上就是忙家里的事情,只有中午和晚上可以休息一下,看一下微信。"(S16,男,42岁,一级盲)

从采访中可以看出,大部分视障用户会在一天中频繁使用微信,少部分视障用户会因工作和家庭因素减少微信的使用频率。

2. 视障用户微信使用空间情况

视障用户微信使用空间情况见图4。

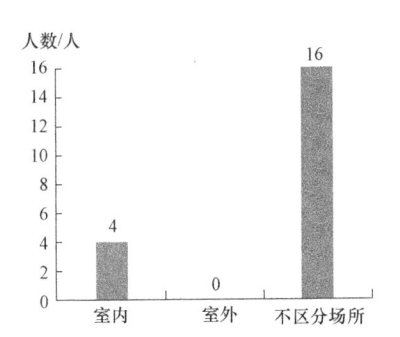

图4 视障用户微信使用空间情况

从视障用户的微信使用空间来看,有16位视障用户会在任何方便的地方使用微信,没有视障用户会只在室外使用微信。对于4位只在室内使用微信的受访者来说,不在室外使用微信的原因主要是室外环境不适合使用微信,以及室外社交以见面为主。

"我很少出门,一般就在家里用微信,出门太不方便了。"(S13,男,44岁,一级盲)

"微信就跟个朋友聊聊天,出门就用不上微信了,见面就行了嘛。"(S4,男,29岁,一级盲)

从统计数据可以看出,大部分的视障用户都不会区分特定的微信使用场合,少部分视障用户会受到某些客观因素的影响。

3. 亲密关系的选择——视障用户微信聊天对象情况

视障用户微信聊天对象情况见图 5。

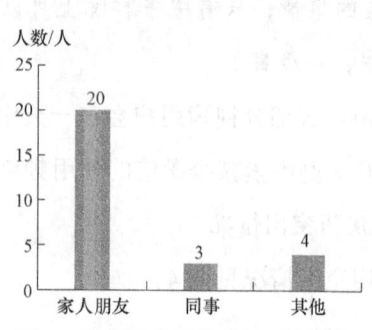

图 5　视障用户微信聊天对象情况

从视障用户的微信聊天对象来看，有 20 位视障用户都会与家人朋友进行微信互动，其中有 3 位视障用户也会把微信作为办公软件，有 4 位受访者的聊天对象更广泛一些，包括读者、客户等。

"我们盲文图书馆会接受很多盲人读者的借书申请，有些读者熟了之后就会加微信，我直接帮他们找书。"（S9，女，39 岁，一级低视力）

"有一些客户经常来的，就加个微信，到时候想按摩发微信，然后过来就可以。"（S12，男，30 岁，一级盲）

从以上数据来看，视障用户的微信聊天对象一定程度上受到工作和家庭的影响，但总体而言，受工作的影响较小。

4. 视障用户微信使用心理状态

视障群体由于不方便外出，长期以来与外界接触很少，他们向往与社会接触。但是，他们在使用微信时表现出的心理状态其实与普通人无异。

"需要的时候就发一下，想分享的时候就发一下，不想分享的时候就不发，好像跟普通人使用微信没什么区别。你可能就总觉得视障用户和普通人好像有一点儿不太一样，我个人觉得其实没有什么不一样。无非就是说这个信息无障碍做好了以后，他可以得到无障碍的使用。至于他使用了，

比如说他的感受心情这些的话，其实跟普通人的使用没有任何区别。"（S7，男，35岁，一级盲）

朋友圈往往不是发布真实的想法，而是经过修饰美化的内容。发在朋友圈的内容，是用户想要表露的内容。

"我发的从来都是假话，比如说我最近一个人带娃很累，我发朋友圈肯定不会吐槽，我肯定是夸她真乖。对吧，我发完自己都笑。要不然就是谁气我了，我就故意发个朋友圈刺激他，哈哈。"（S3，女，25岁，一级盲）

（二）视障用户微信使用对日常生活的影响

1. 视障用户微信使用与自我认同：现实身份认同与虚拟社会交往"身份缺场"的矛盾

自我认同是指个体在一定的社会环境中通过社会活动和社会交往所形成的有关自身在社会中所扮演的角色、所处的地位及存在价值的反思性理解和确认，是对"我究竟是谁？"的主体性的叩问，它的核心问题即个体的价值观问题。

在虚拟社交中，视障用户真实身份的隐匿给交往带来了更大的自由性，其在交往中能充分地发挥主观能动性。视障用户的自我认同需要通过与他人交往来建立，围绕这种虚拟的身份会形成一种人际关系网络，使视障用户自然而然地对网上的身份产生认同。在采访中，有15位视障用户认为使用微信本身不会影响自我认同感，有5位视障用户认为在使用微信时会出现自我认同危机。

对于自我认同这件事，一部分受访者认为微信只是工具，其本身不承载特殊的心理因素；另一部分受访者认为微信中的虚拟社会交往与现实身份认同会产生矛盾。

"发（朋友圈）的时候充满着期待激动。如果经常发的话，也不会感觉到有心理压力之类的。其实这个跟点赞、跟评论没有多大的关系，因为就

只是分享生活,是吧?不是点赞多就特别高兴,点赞不多就特别不高兴这样子,就是娱乐一下。"(S5,男,33岁,一级盲)

"以前爱聊附近的人,主要也是朋友不多,想多认识人。但是这在网上跟现实还是不一样,网上聊得好了,见了面可能也不行,毕竟咱看不见总觉得隔着东西。"(S20,男,19岁,一级盲)

"之前跟人家相亲嘛,(媒人)没说我是盲人,加了微信聊得挺好的,但是后来要见面了我就不敢,肯定是谈不成的。"(S14,男,30岁,一级盲)

从采访结果来看,大部分的视障用户不认为使用微信时会影响自我认同感,但是少部分视障用户在使用微信时出现的"身份缺场"危机也不容忽视。

2. 密闭空间中的情感释放——视障用户使用公众号、微信群和朋友圈情况

在受访的20位视障用户中,浏览新闻资讯类公众号的比重不高,只有一半左右。但这并不是因为这部分视障用户不关心时事,除个别视障用户外,大部分视障用户会使用新闻客户端、网页、电视甚至收音机来获取新闻资讯。

"我很少用微信公众号看新闻,一般就看看本地的资讯或者汽车类的信息。我那个保益悦听里面有各大新闻网站的接口,无障碍也做得不错。微信公众号有的地方不能读,就比如音频播放的按钮,点击也播放不了。"(S12,男,30岁,一级盲)

"微信公众号看得不多,大部分就是流水阅读,关注了很多号,真正看的不多。"(S7,男,35岁,一级盲)

在受访的视障用户中,有13位会更倾向于与身处同样境地的人相处(图6),这部分用户主要是先天性的疾病导致视障。而更倾向于与明眼人交往的视障用户主要是后天的意外导致的视障。

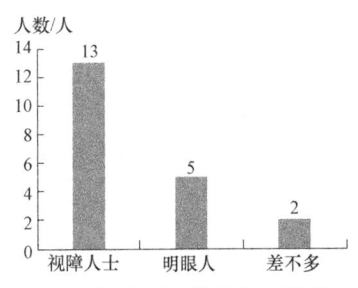

图 6　视障用户微信好友情况

在 20 位视障用户中，所有人无一例外地选择了微信私信聊天这一更为私密的人际交往方式，没有人在朋友圈这样一个相对开放的环境中沟通交流。

在微信群聊中，大部分的受访者都拥有家庭群和工作群（图 7），这样一种私密性的群在群聊中包含着维系情感和促成合作的愿景。而在本地群中，群中成员的匿名性、互动性、平等性、即时性给予了视障用户更多的安全感和自信心。部分没有加入群聊的用户也说出原因。

"我不会打字，群里他们聊天太快了，我说不上话，所以就没加。"（S13，男，44 岁，一级盲）

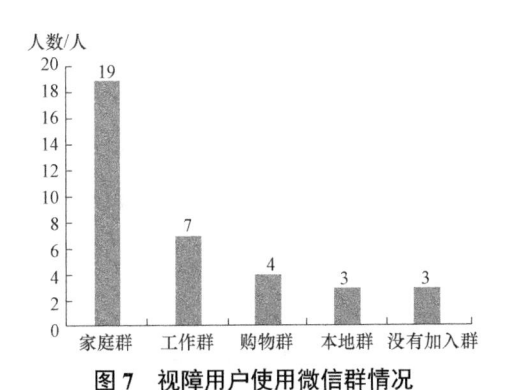

图 7　视障用户使用微信群情况

微信群是一个小型的媒体，每天都会有一些消息从这里传播出去，年长的视障用户倾向于从群聊中获取信息，年轻的视障用户则更愿意参加群聊中组织的活动。这说明对于视障用户来说,有针对性的群聊活动才能更好地帮助他们融入社会。

"我是盲人协会的一个负责人,平时也会在群里组织活动,我因为相对比较年轻,就组织一些青年。说实话视障这个群体很特殊,有老有少有男有女,我很难去兼顾。比如说我想组织去阿里巴巴的'城市大脑',老年人就不愿意去,他们只想听听戏,看看花花草草。"(S7,男,35岁,一级盲)

"以前我们这儿的残联经常发米面,现在啥也没有了,我也就不爱去了。"(S11,男,49岁,一级盲)

"群里有时候组织一些无障碍的活动,(新冠肺炎)疫情前那几年组织过盲道体验,找一个新修的路,刚铺设盲道去体验,然后体验一下哪边适合哪边不适合。"(S12,男,30岁,一级盲)

新冠肺炎疫情期间在微信群中曾流传一些流言,这类流言往往没有可靠的证明标准。对于这类未经核实的信息,视障用户是这样看待的:

"我记得微信上有一个辟谣小助手吧,但是我身边好像也没有人上当受骗过。这个还是跟认知水平有关系,天上不会掉馅儿饼。"(S7,男,35岁,一级盲)

"我之前也转发过,但是当时不知道,我就是帮他转发,后来才知道的。"(S15,男,43岁,一级盲)

"因为这个东西毕竟发出来再去辟谣的时效性不会这么快,很多时候听听就行,自己其实能判断出来。你通过那些发布渠道、发布者,包括根据自己的经验去判断,到底是不是可信的事情,不信谣不传谣。我从来不会去转发那些,很多人会去转发,今天是×××的生日,转发多少个群,给你多少钱之类的。"(S5,男,33岁,一级盲)

朋友圈是一个向外界展示个人生活的窗口。大部分视障用户会选择转发网页链接,而非发布原创内容,他们对微信朋友圈营造的"拟态环境"保持着较高的怀疑度,因此不愿向外界展露过多的个人生活。

"朋友圈没啥意思，以前天天发，现在加的人多了，每天的事多了，没那么多时间分享自己的生活，也没空看别人的生活。"（S3，女，25岁，一级盲）

"我不怎么发朋友圈，没啥事嘛，天天在家能发什么？"（S19，女，53岁，一级盲）

个别视障用户也表达了不同的观点：

"我挺喜欢出去玩的，有好看的景色就发呗，反正我一天能发不少，随时拍了照片和视频就发出去。"（S10，女，32岁，一级低视力）

3. 声音中的娱乐——视障用户微信使用与休闲娱乐

网络中的虚拟世界是视障用户的电子"乌托邦"。根据《2018视障网民移动资讯行为洞察报告》，77%的视障用户以听音乐作为娱乐方式，58%的视障用户会"听"视频，28%的视障用户会玩游戏。

与网民总体用户对比，视障用户移动上网对音乐等音频服务的需求高于普通网民。一位受访者是这样解释的：

"我一般就用微信读书，书挺多的，然后就用读屏软件读，自带的那个朗读不好用。我一般就听听文学啊，三国水浒（《三国演义》《水浒传》）啊，还有小说什么的。对我们（视障用户）来说，听着最方便。"（S5，男，33岁，一级盲）

直播作为时下热门的娱乐形式，也受到了视障用户的欢迎。

"微信现在多了个附近的直播，我之前一直在快手直播，要是抽成少我就来这边。我试了下直播间发的弹幕也能读，做得还行。"（S11，男，49岁，一级盲）

"我经常看直播，快手的、抖音的，现在微信也看。我喜欢跟主播连麦，聊聊天什么的，好玩。"（S6，女，34岁，一级盲）

在各类娱乐形式中，游戏的占比是最低的。微信游戏旗下的听觉游戏和盲人体验游戏，不仅丰富了视障用户的游戏体验，还让更多明眼人了解视障群体的日常出行。

"微信里有两款游戏,一个叫'见',还有一个叫'长空暗影'。第一个是给明眼人体验盲人出行的,你可以试试。第二个是给视障用户开发的游戏,戴耳机之后可以靠声音判断飞机的位置,然后躲避,这个游戏无障碍做得不错,可以玩。"(S5,男,33岁,一级盲)

四、视障用户微信无障碍传播的建议

随着 5G 时代的来临,在媒体发展加速、拥抱高新技术的当下,无障碍传播却很少得到学界和业界的关注。在上述调研和考察过程中,不论是无障碍辅助通道的建设,还是无障碍内容的供给都不能让视障群体完全满意。手机已经成为视障群体最常使用的媒介工具之一,手机网络媒介也为其日常生活和娱乐提供了一个便捷平台,但无障碍供给和需求之间的矛盾依然存在。

(一)视障群体需求:关注心理层面的"无障碍适配"

现有的微信无障碍适配情况已经能满足视障用户的基本使用需要,但是还缺少人文关怀。在做软件开发时,心理层面的"无障碍适配"往往更重要。一位无障碍适配工程师以"非歧视原则"给出了建议:

"千万不要给微信开发所谓的盲人专用的版本,因为这种开发以前有过,一开发出来立刻就废掉。其实现在的盲人不愿意用一个单独给盲人开发的软件,他会觉得这是一种隐性的歧视,他会觉得:为什么不让我用主软件?为什么要给我用一个打了标签的软件?"(S5,男,33岁,一级盲)

另外,微信也不应该随意给视障用户设置"壁垒",视障用户希望自己能像明眼人一样被平等对待。通用设计是指对于产品的设计和环境的考虑是尽最大可能面向所有的使用者的一种创造设计活动。把所有人都看成程度不同的能力障碍者,如果能被失能者使用,就更能被所有的人使用。

"所谓的盲人专用版,就是想当然地把视障用户用不好的功能全部删掉。你不说表情包不好用吗?那就只保留聊天功能。朋友圈也只能发文字,

这样的软件肯定好用，因为这已经不是微信了。"（S5，男，33岁，一级盲）

"通用性设计的理念我希望你能写进去，这个是欧美发达国家都在做的事情。美团在2019年搞了一个所谓的无障碍优化版，一个月就不了了之了。像苹果的旁白，我是盲人我打开旁白就能用，你是明眼人你关了旁白也能用，这才叫通用化设计。"（S7，男，35岁，一级盲）

微信拥有专门的无障碍适配团队，对于用户反馈的信息可以及时处理。这是一种滞后的解决方案，往往要足够多的用户大量反馈才能使问题得到解决。实际上，微信无障碍团队应该设置一个进入无障碍模式的开关，而这个开关的名称不应是"盲人模式"。

"可以叫'老年人模式'或者'简洁模式'，但千万不要叫'盲人模式'。因为'老年人模式'大家都知道老年人眼睛不太好，但是'盲人模式'听起来不好听呀。要做的话，可以叫'简洁模式'，把所有的图片变成纯文本，不需要看图像，这样就行了。"（S5，男，33岁，一级盲）

（二）产品设计：微信与手机和软件厂商达成产品无障碍适配合作

即使微信的无障碍适配做得很好，但是软件的冲突和功能差异往往会使视障用户使用的体验大打折扣。

"我用的这个点明盲人专用手机，它这个微信老读不出来，就在这个主界面点，本来好好的，突然出来一个按钮55，然后点着点着，就开始读我微信收藏里的文字，但实际上我在主界面呢。"（S8，男，33岁，一级盲）

"这个叫解说的App，微信里其他语言都读，像英语啊，别的国家的语言啊，都行，但是藏文就读不出来，我觉得这个就是加一个语言库的事。"（S20，男，19岁，一级盲）

"保益悦听读微信公众号里面的文章就不太好，就总有那种全文都是图片的文章，就没啥读，每次这种文章就只能读'图片'。"（S12，男，30岁，一级盲）

除了微信官方的无障碍团队外，各手机和读屏软件也有无障碍团队。

但是第三方读屏软件更新总是不及时，即使多次反馈也没有改进。

"我之前在某读屏软件工作过，是客服，帮着卖卖产品，或者解答人家的问题，也有来反映问题的，我每次记录完之后，过一段时间人家还打电话，问为什么还不解决。包括我自己也反馈过，没有回信。"（S12，男，30岁，一级盲）

实际上，微信无障碍适配不是相互竞争的关系，而是需要各技术部门的合作。

"像微信小程序里的'拼多多''京东'，根本就没法用，我点进去就读不出来。这个是因为小程序是各家公司自己做的，微信管不了，所以微信里的无障碍适配在小程序就是个'盲区'。"（S7，男，35岁，一级盲）

"我们家孩子幼儿园弄的小程序，每次要在里面填信息就得把读屏软件关了，要是明眼人还行，我看不见，关了之后怎么输入呢？"（S6，女，34岁，一级盲）

（三）微信内容：增加智能识别图片内容功能

图片识别功能在苹果手机上已经得到了应用，在打开旁白功能后，使用相机就可以实时朗读摄像头捕捉到的真实场景。比如，面前有一个水杯，则会读出"一个白色的水杯"。

在微信中，如果这一功能可以识别出文字和图片内容，将为视障用户带来便利。

"现在微信加入了一个图片中文字提取功能，这是我们反馈了很多次的，微信 8.0 版本新增的，其实这个功能 QQ 里很早就有，明眼人用这个是为了复制图片里的文字。像我们就是提取之后，读屏软件就能读出来了，这个还是很有用的。"（S5，男，33岁，一级盲）

"我觉得微信应该增加一个图片识别功能，不只是文字，还要能识别出图片中的风景啊人物啊，这样的话给别人发或者发朋友圈就方便多了。"（S10，女，32岁，一级低视力）

五、结论

（一）视障用户使用微信存在的无障碍适配问题与手机型号和读屏软件有关

根据以上的论述，笔者发现视障用户使用微信时的无障碍适配问题与读屏软件或手机的适配情况有关。微信本身的无障碍适配情况良好且反馈及时，这一问题需要通过微信与手机和软件厂商达成产品无障碍适配合作来解决。例如，读屏软件企业与微信合作，开放少数民族语言库，使视障用户可以直接使用读屏软件读取和输入少数民族语言。

（二）视障用户使用微信时倾向于一对一的交流形式

视障用户在使用微信的聊天功能时，更愿意以私聊的形式达成信息交换。朋友圈评论和点赞对于视障用户来说操作烦琐，互动即时性不高。而微信群聊，视障用户由于难以适应群内聊天节奏而无法融入其中。与之相比，一对一的交流尤其是微信语音通话更符合视障用户的聊天习惯。

（三）视障用户渴望得到社会的理解和帮助

根据本研究的采访，20位受访的视障用户中有11位明确希望笔者可以帮助他们解决微信使用中的问题。以上提到的微信无障碍适配方面的问题，均由他们向笔者反馈得来。在采访过程中，也能感受到他们迫切想得到社会关注和了解的积极性，希望本研究可以让更多的人理解和帮助他们。

（四）视障用户需要心理层面的"无障碍适配"

视障用户希望有好的微信使用体验，更希望在心理层面得到尊重。"非歧视原则"应贯穿无障碍适配的始终，刨除"盲人模式""盲人专用版"等标签化的描述。不仅在软件的功能上做到无障碍适配，更要做"有温度"的适配，让视障用户用得舒心，用得放心。

万物互联、万物皆媒，我们来到了全媒体传播时代。让视障群体无障碍地使用各种媒介，是无障碍传播理论研究的目的所在。笔者在调研期间发现，社会中还存在缺乏对视障群体接纳的现象，认为视障群体天生不适合使用信息化产品。这是一个需要时间来解决的问题，即使全社会形成对视障群体的关心之势。这需要政策法律的保驾护航，相关部门应该开展相应的宣传工作，相关企业应该聆听视障用户的实际需求并及时改进。对社会大众来说，应以包容之心真正关心、接纳视障群体，以推进时代的共同进步与发展为基准，让无障碍传播成为公共信息领域普遍认可的标准。

参考文献

[1] CNNIC 发布第 47 次《中国互联网络发展状况统计报告》[EB/OL]．（2021-02-03）[2021-04-15]. http://www.gov.cn/xinwen/2021/02/03/content_5584518.htm.

[2] 工业和信息化部办公厅关于进一步抓好互联网应用适老化及无障碍改造专项行动实施工作的通知[EB/OL]．（2021-04-12）[2021-05-31]. https://www.miit.gov.cn/zwgk/zcwj/wjfb/txy/art/2021/art_b04e1baa455c448b80fb790d7c50bfd4.html.

[3] 腾讯 QQ. 视障人士在线社交报告[EB/OL]．（2019-10-14）[2020-12-29]. https://mp.weixin.qq.com/s/T3uwzqijH31LCBL7ANZSBg.

[4] 丹尼斯·麦奎尔. 麦奎尔大众传播理论[M]. 5 版. 北京：清华大学出版社，2010：75.

[5] NIRJE B. The normalization principle and its human management implication[J]. The International Social Role Valorization Journal，1994，1（2）：19–23.

[6] 钱小龙，康翠. 政府门户网站的无障碍化建设综述[J]. 电子政务，2009（2）：103–109.

[7] 唐思慧. 信息无障碍原则及在电子政务建设中的实现[J]. 求索，2008（11）：78–79.

[8] 孙祯祥. 构建无障碍网络信息环境的研究[J]. 图书情报工作，2008（9）：5.

[9] 蒋淑君. 网页界面设计中的残疾人用户可访问性分析[J]. 中国特殊教育，2004（1）：90–94.

[10] 齐向华，付宁. 面向视障用户的网络无障碍问题研究[J]. 国家图书馆学刊，2009（3）：68–71.

[11] KURZ I, MIKULASEK B. Television as a source of information for the deaf and

hearing impaired: Captions and sign language on Austrian TV[J]. Meta: Journal des Traducteurs / Meta: Translators' Journal,2004（49）：81–88.

[12] Neves Josélia. Audiovisual translation: Subtitling for the deaf and hard-of-hearing [D]. London: University of Surrey Roehampton,2007.

[13] 威廉·詹姆斯. 心理学原理[M]. 北京：中国城市出版社,2010：83.

[14] 安东尼·吉登斯. 现代性与自我认同——现代晚期中的自我与社会[M]. 北京：中国人民大学出版社,2016：117.

[15] 赵希婧. 用聆听感知艺术：无障碍电影的使用与满足——基于187名视障青少年的实证研究[J]. 中国新闻传播研究,2019（2）：183–193.

[16] 张砚. Web 3.0时代手机社交媒体的无障碍传播研究——以河南省视障碍者的微信使用为例[J]. 河南理工大学学报（社会科学版）,2016,17（3）：374–381.

[17] 王东丽,巢乃鹏. 视障者的微信使用及其与己相关的公共事务参与研究[J]. 中国网络传播研究,2017（1）：170–186.

[18] 杨星星,郭东颖. 与网络空间共存：新媒体与视障学生互动研究[J]. 当代传播,2019（6）：94–97.

论媒体与政府在公共领域的商谈实践

姚惟怡　崔玉可

（上海大学）

【摘　要】 研究发现，政府主动参与、媒体积极引导的商谈模式，可以发挥媒体的舆论监督作用，也可以更好地提高政府的办事效率，促进政府、媒体与公众在公共领域的良性互动。本文以《北京晚报》的《我们日夜在聆听》栏目为例，对媒体与政府在公共领域的商谈实践进行了梳理和分析，以期为今后媒体与政府如何在公共领域更好、更便捷有效地进行商谈实践提供具有可行性的建议。

【关键词】 媒体与政府；公共领域；商谈实践；建议

2003 年 11 月 17 日，《北京晚报》与北京市信访办合办的《我们日夜在聆听》栏目创立。栏目运行至今，作为一档在市民中口碑良好、备受欢迎的民生栏目，其发挥了作为地方主流媒体进行舆论监督的典范作用。蔡雯、陈昌凤等学者曾在该栏目创办十周年时发表了一系列的研究文章，从栏目的运作模式、传播效果、媒体功能等多方面描述该栏目，并对该栏目进行了系统研究。

一、《我们日夜在聆听》栏目的商谈实践

哈贝马斯提出了商谈政治的概念，他认为商谈政治首先存在于公共领

域，所谓公共领域是指介于国家与社会之间、公共权力领域与私人领域之间的中间环节，是公众通过话语形式参与公共事务、对公共事务进行讨论和批判并对国家与社会之间的关系进行协调的公共空间，其强调对国家权力的监督。

我们一般所指的媒体舆论监督即在公共领域中进行的，代表公众意见对于国家权力的监督。在传统的舆论监督中，媒体是监督者，政府是被监督者。媒体反映问题，形成舆论后，政府进行被动的应对。

而在商谈政治中，媒体与政府的话语不是对抗式的，而是协商式的。政府从被动变为主动，媒体由主动变为被动。但是，媒体的舆论监督仍然存在，只是与政府的互动从监督变为商谈。

《我们日夜在聆听》栏目是由北京市信访办主导创办的，是政府主动进行的商谈实践。该栏目具体的操作流程：北京市非紧急救助服务中心"12345"接听群众来电→信访办初筛线索→双方协商选择线索→将线索派给记者→记者实地采访写稿→双方审稿→定稿见报→信访办协调有关部门解决问题→记者追踪解决全过程→问题成功解决。从栏目的运作模式中可以看出，政府与媒体进行着一种高度开放、互动、协作的商谈模式。政府期待借用媒体的力量为公众进行更好的服务，媒体可以将政府掌控的信息资源纳入自身的新闻生产过程中，同时在商谈的过程中，及时有效地解决来自公众的民生问题，保障公众权益，及时有效地化解社会矛盾。

市民的参与程度、政府的支持力度和新闻报道的深入程度是这个栏目得以生存与发展的三个基本支点。在商谈模式下，政府由原来被动地接受媒体的曝光监督变为主动地将自身出现的问题向媒体与公众开放，在发现问题的同时，通过媒体的力量在政府有关部门与公众之间形成一种合力的压力，推动问题的解决。政府不再是高高在上，而是变为与媒体、公众平等对话的商谈者，在理性、反思、负责的条件下进行合作商谈。

二、《我们日夜在聆听》栏目的商谈效果

在《我们日夜在聆听》栏目的商谈实践模式中,政府、媒体、公众三方主体通过商谈获益。可以说,这种商谈模式是一种开放、多元、良性的模式。

(一)提升了政府的办事效率

分析《我们日夜在聆听》栏目历年数据发现,北京市各区政府的办事效率明显提升,相比之前问题反映渠道不畅通、解决不及时的情况,各区的问题办结率基本相当,都在90%左右(西城区89%、海淀区86%、东城区90%、朝阳区88%、丰台区91%、其他城区90%)。另外,分析该栏目2003年11月至2017年3月的共1600个样本数据发现,88%的问题得到了有效的解决。通过对1600个报道样本的文本分析和量化研究,发现有224个样本为连续系列报道,并根据其解决问题的时间长度进行分层。研究发现,解决案例数量的时效占比如下:3天内占比17%、7天内占比15%、15天内占比19%、30天内占比27%、3个月内占比9%、6个月内占比5%、12个月内占比3%、12个月以上占比1%、未得到解决占比4%(图1)。

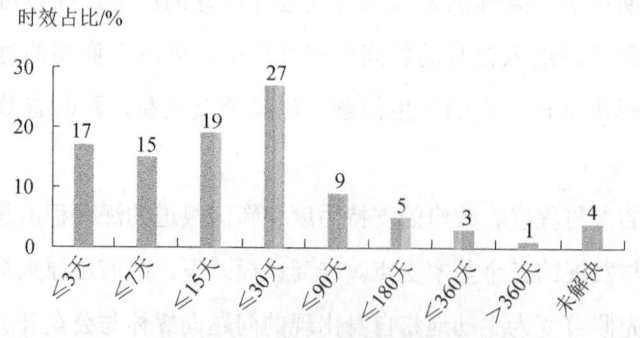

图1 《我们日夜在聆听》栏目商谈时效分析

可以发现,在30天内解决的案例占了绝大多数,占全部比例的78%,这个效率对于一些棘手的民生问题来说算是非常迅速的。

（二）发挥媒体舆论监督职能

《我们日夜在聆听》栏目作为媒体，作为沟通群众与政府的渠道，在公众与政府之间承担着两方面的责任。一是对于公众来说，其服务于公众、反映公众的诉求、替公众发声。二是对于政府来说，其行使舆论监督的职能，督促政府相关职能部门高效地解决群众的问题与诉求，使群众受益。在此过程中，媒体切实发挥了舆论监督的职能，媒体通过连续性的报道及与政府有关部门之间不断地进行沟通协商，在政府与社会之间形成了一定舆论压力，监督政府有关部门及时解决问题及与相关利益单位的协商。

（三）促进问题解决，保障公众权益

民生问题是与人民群众生活密切相关的问题，是关系人民群众切身利益的基本现实问题。公众需要通过方便的渠道将相关民生问题反映给政府有关部门，政府有关部门也应通过合适的渠道对公众所反映的民生问题进行及时的应对与合理有效的解决。分析栏目运行历年的案例发现，随着相关政府部门的治理力度的提升，诸如路边大排档扰民、占道经营摆摊等问题得到有效遏制，在 2008 年之后出现该类问题的案例较少；同时，随着煤改电建设及老旧小区电梯改造等工程的推进，煤气中毒、电梯问题、供暖问题等均已得到有效解决，及时有效地保障了公众的权益，化解了社会矛盾。

2003 年 11 月 17 日《北京晚报》的《我们日夜在聆听》栏目的创办，可以说是首例政府与媒体之间合办栏目进行的商谈实践，开辟了媒体与政府间商谈实践的先河。

三、《我们日夜在聆听》栏目的商谈前景

虽然《我们日夜在聆听》栏目多年来一直发挥着公共领域的商谈实践者的重要作用，但不可忽视的是，在新媒体和自媒体迅速发展的今天，我们仍需要对栏目的发展、商谈的模式进行一些探讨和反思。

(一)商谈主体应更主动

对于作为商谈主体之一的政府来说，除积极参与同媒体之间的商谈外，政府也应注重与公众之间的直接商谈。在《我们日夜在聆听》栏目的商谈模式下，多为政府与媒体之间的协商，缺乏与公众之间的商谈互动。在目前的商谈模式中，还应该强化积极反馈机制。不论是政府通过热线直接反馈，还是媒体通过记者采访反馈，总之，反馈给公众这一环节还未做到位。这使得在商谈实践中，公众始终处于被动状态，政府和媒体的商谈主体意识还不够高。面对这样的情况，作为商谈主体的政府与媒体应该更加主动。政府和媒体可以联合发布解决问题的情况报告，如每月公开电话受理情况等。虽然报纸的发行量下滑，信息触达率大大降低，但是政府和纸媒仍然可以通过新媒体渠道的权威发布，来提升主流舆论的话语权。

(二)商谈时效应更迅速

在《我们日夜在聆听》栏目的商谈实践中，大部分事件都是类似的，很多问题都有共性。栏目应该对占道经营、私搭乱建、环境污染、市政建设等有共性的问题进行深度分析，提出一整套商谈方案和解决模式，避免一事一报、一事一办。而对于一些牵涉范围广、解决周期较长的复杂问题，也可以进行大数据分析，分析其涉及的主体、主要的难点和解决方案，力争提升解决问题的效率，使栏目的经验成为政府解决复杂民生问题的宝典，从而进一步提高商谈的效率。此外，对于一些特别复杂的民生问题，应该进行专题报道，进行议程设置，以更快、更高效地推动问题的解决。例如，栏目在2013年就针对北京市海淀区和丰台区的出行安全问题进行了连续追踪报道。其中，井盖问题是一个复杂问题，其对应的相关政府部门除市政市容委外，还面临着不同的井盖分属不同的产权单位的情况。

(三)商谈形式应更多元

在2013年对《我们日夜在聆听》栏目的研究中，清华大学陈昌凤教授就提出应充分利用新媒体进行改革和模式的优化。而从公共领域的实际出发，微博和微信仍然是最重要的商谈平台和渠道。所以，政府和媒体都应加强各自的微信、微博平台的力量，做到有问必答、有事必解。例如，"北京12345"官方微博在2018年11月9日置顶微博显示："10月25日有市民反映通州区永顺镇安北一路违章停车现象较为严重，最多时有近百辆车停放在路边，导致此处交通较为拥堵，接到反映后，'北京12345'联系北京市交通局通州支队进行了核实处理。"像这样的案例应该更多一些。而且，栏目微博和政府微博可以通过与一些政务微博如"平安北京"，以及一些自媒体平台如"北京人不知道的北京事儿"进行互动，鼓励公众选择随手拍下短视频并@相关官方微博来反映自己的问题。"北京人不知道的北京事儿"微博粉丝数已达到700万+，平均日阅读数100万+，平均日互动数9万+，远远超过了"北京12345"的官方微博粉丝数量。而且随着技术的发展，政府与媒体之间也应考虑开发出更多便捷有效的商谈形式和渠道，如合作开发微信小程序等，公众的问题可直接发送至小程序中，直接按照数据分类派发给有关政府部门，使问题得到快速解决。

四、结语

自2003年《我们日夜在聆听》栏目创办开始，通过多年的实践，其与政府之间逐渐建立起的商谈模式，值得我们去进一步探讨与思索其中的良好效果与未来发展的商谈前景。政府主动参与、媒体积极引导的商谈模式，使媒体可以更加有效地发挥其舆论监督的功能，也提高了商谈效率，及时有效地保障了公众的权益，一定程度上化解了社会矛盾。同时，商谈主体更加主动、商谈时效更加迅速、商谈形式更加多元等，可以推进商谈模式进一步发展，在公共领域中发挥良好的作用。

参考文献

[1] 熊光清. 网络公共领域的兴起与话语民主的新发展[J]. 中国人民大学学报，2014（5）：88-96.

[2] 王军华. "我们日夜在聆听"的创新运作模式[J]. 新闻与写作，2013（5）：88-91.

[3] 周家望. 从北京晚报"我们日夜在聆听"栏目看纸媒新闻栏目的寿命有多长[J]. 新闻与写作，2013（5）：85-87.

[4] 李环宇. 聆听大数据　改善京生活[N]. 北京晚报，2017-03-30.

创新与限制：基于短视频的城市形象传播建构
——以"抖音中的城市"为例

刘 欠

（北京印刷学院）

【摘　要】城市形象传播的建构按照媒体的发展逻辑可以分为前互联网传播阶段、移动端图文传播阶段和移动端视频传播阶段，2016年短视频的崛起使得城市形象传播进入了"全民诉说"的阶段。在此阶段，城市形象的传播不再局限于官方话语和宏大的叙事，而成为大众化、平民化的传播行为，传播视角、传播形式、传播影响都较之传统媒体时代有了更大的改观。与此同时，由于短视频本身并不是一个完全自由的场域，内容的生产必须遵循平台固有的逻辑，这又使得利用短视频进行城市形象传播的建构受到了许多的限制。如何在创新与限制之间找到平衡成为利用短视频进行城市形象传播面临的最大问题。因此，本文以抖音如何创新和限制城市传播作为研究目标，以案例分析作为主要的研究方法，结合相关行业报告，探析在创新和限制的双重性质下短视频助力城市形象传播的发展模式。

【关键词】城市形象传播；抖音；创新；限制

一、绪论

2018年4月，西安市旅游发展委员会与抖音短视频达成合作，通过短视频的形式对西安的城市文化和城市形象进行传播与推广，从而助推西安旅游产业的发展。短视频使用人数的暴涨使其成为城市形象宣传的新窗口，对城市旅游产业的发展产生了实实在在的效果。2018年春节假日期间，西安的游客总人数达到1269.49万人次，受到"网红城市"效应影响，同比增长66.56%。整个2018年西安的旅游业收入达到2017年收入的三倍，突破100亿元。不仅是西安，抖音通过短视频传播的方式打造了一批"网红城市"，根据抖音2018年发布的《短视频与城市形象研究白皮书》，11个"爆款城市"的视频量超过了百万个，尤其是重庆、成都等城市达到了200万个相关视频。

短视频的发展为城市形象的传播带来了新的传播策略和手段，更加突出个体的作用和感受，从视角到形式再到影响回归了以人为本的传播本质，并将宣传目的不知不觉地渗透到人们的碎片化时间中，加强了传播效果的转换。但通过短视频对城市形象的传播带来的不仅仅是创新下的积极效果，也会因为平台自身的逻辑造成限制，从而使城市传播的"抖音之路"很快进入瓶颈期，不但大众对此类的短视频内容易出现"审美疲劳"，而且随着越来越多的城市开始通过抖音进行传播，竞争也逐渐增大。因此，如何在创新和限制之间找到平衡点成为短视频助力城市形象传播的关键。

二、抖音短视频中城市形象传播的创新

通过抖音等短视频进行城市形象的传播不仅仅只是一种媒介载体的转换，而是整个传播参与者和传播过程的更新，从而适应当下碎片化、可视化、爆炸性的传播大环境。更重要的是，短视频进行城市传播通过全民参与的方式将城市形象的宣传和个人数字化生存的现状融为一体，既能够满

足个体的表达欲望，展示局部的生活图景，又能够利用短视频"滤镜化"和"个体化"的特征达到城市形象宣传的目的，最大程度上消解了受众对官方宣传视频的抵抗和误读。

（一）传播叙事的转换

城市传播主要是通过传播叙事来实现的，传播叙事主要分为传播主体和传播视角两个方面。在移动短视频时代之前，城市形象的传播主体是以政府和专业人员为主的，使用宏大叙事的方式，政府进行规划，专业团队进行拍摄和制作，主流媒体进行传播，力图全面展示城市的风貌。虽然普通大众无法参与其中，但也打造了许多精品。例如，张艺谋导演为成都拍摄的城市旅游宣传片《成都，一座来了就不想离开的城市》打造了成都"休闲之都"的城市形象；电影《非诚勿扰》通过城市电影营销的手法不仅创造了3.4亿元的票房，而且成功地激发了观众赴北海道旅游的热情，在影片热映之后，涉及北海道的日本旅游线路收客情况都迅速攀升。与此同时，受众的参与性低也造成了很多城市宣传片"自说自话"的局面。

而短视频的兴起极大地消解了参与门槛，普通大众成为城市形象传播的主体，个体成为主要的传播视角，传播方式脱离精品化的制作，展现出了更多的随意性，充分显示了短视频作为一种参与式文化的本质属性。在关于城市形象传播的短视频中，本地居住者是内容的主要发布者，他们以个人生活作为主要素材进行传播，在展现自身生活的同时展现出宏大城市下的细小风貌，从而塑造出城市更为多元化的形象。以抖音话题"爱上北京"为例，视频内容多以个人视角来展示景点攻略、特色美食、北漂故事等，个人故事的诉说聚集成了关于整个城市的形象传播，完成了对宏大叙事的转换，截至2021年10月该话题的播放量已超过20亿。

（二）传播风格的拓展

传播风格是城市形象传播的一个重要组成部分，不同的传播风格会赋予传播内容不同的意义，同时也会影响受众对于内容的解读。政府所主导的城市形象传播是以庄严的风格为主的，不论是背景音乐、画面展现还是内容解说，都给人带来一种严肃的意义塑造。例如，岳阳的城市宣传片《魅力岳阳　万商归心》采用字正腔圆的内容解说方式，从宏观角度叙述城市的发展，开头第一句为"俯瞰八百里云梦水乡，穿越五千年岁月激扬，岳阳楼始终是久写不衰的主题"。这种传播风格虽然符合了宏大的传播叙事，保持了调性的统一，却偏离了新媒体时代受众的视听习惯，增加了与受众之间的距离，很难通过视频的传播达到感染受众的效果。

相反，短视频的城市传播拓展了已有的风格，不再仅仅局限于严肃宏大。这首先表现为传播的视觉化。媒介形态的发展使得视觉符号成为城市传播的主要方式，短视频的传播方式极大地满足了视觉符号的展现，城市的宣传片不再仅仅是"屈指可数"的官方打造，而成为日常的视觉展现。其次是传播的娱乐化。以抖音为例，关于城市相关内容的解说多是原生态的，并非专业的解说者，而视频配乐多以与此城市相关的流行音乐为主，这些流行音乐不仅成为配乐的主要选择，更成为城市的一个独特符号，打造出了"一座城一首歌"的独特韵味。最后是传播的表演化。短视频虽然很大程度上实现了"后台的前台化"，但短视频本身所具有的大众传播的特征决定了视频的内容并非完全是现实的写照，再加上抖音等短视频平台可以通过技术进行各种场景的穿插和效果、滤镜的使用，更是增加了表演的成分。

（三）传播效果的延伸

传播效果是城市形象传播所最终追求的，一切叙事和风格的选取都是为了获取更好的传播效果。政府所打造的城市宣传片的传播效果主要表现为城市形象的塑造和城市旅游产业的发展，更注重宏观意义上的目的，而短视频的城市形象传播延伸了宏观上的传播效果，不仅会对短视频所传播的城市产生效果，而且对传播的主体及社会交往也会产生效果。早在20世纪50年代，戈夫曼就提出了关于自我呈现的拟据理论，认为人们日常生活中的行为都处于一种"表演"的状态,并通过一些传播技巧来打造理想中的自我。短视频的出现不仅提供了新的"表演"舞台,而且扩大了"表演"的传播范围,再加上短视频平台自带的各种剪辑技术,可以最大限度地对"表演行为"进行美化,从而呈现出理想中的自我,对自我呈现的满足成为大众利用短视频进行城市传播的主要动机。

从社会交往来看,"景点打卡"成为短视频中一种新的社交货币,社交货币就是建立在用户社交关系的基础上,虚拟网络世界的一般等价物。布尔迪厄在社会资本论中提到,社交货币既存在于虚拟网络又存在于离线的现实。社交货币全面地概括了人际交互的特征,能帮助我们形象化地理解社会网络之间的流通特性。在短视频中,凡是能买到别人的关注、评论、赞的事物都可以称为社交货币,而短视频的制作者就是通过拍摄景点打卡的视频来换取观看者的赞和评论的,视频内容本身就成为一种社交货币,社交货币价值是由受众对内容的满意度来决定的。

三、抖音短视频中城市形象传播的限制

短视频虽然具备了哈贝马斯所提出的公共领域的性质,但并不是真正意义上的公共领域,因为它本身就是媒介、技术、文化等各个场域的交叉,要受到各大场域固有逻辑的限制,同时自身所形成的场域法则也会限制视频内容的制作和传播。城市形象传播的视频也不例外,虽然在一些方面进行了创新,但同时又受到了短视频这种新兴传播载体的限制。

(一)国家政策控制下的文化正确

虽然短视频上的关于城市传播的内容制作有很大的随意性,但是宏观上必须符合社会主义核心价值观和国家政策。"互联网+"的发展战略不仅仅是经济的转型,同时也是文化和社会的转型,在这个转型过程中必须保障文化发展的正确性。中央网络安全和信息化委员会明确提出所有类型的内容提供商都应遵守法律,坚持正确的价值观,并帮助传播社会主义核心

价值观，并培养积极健康的在线文化。对于平台上的所有内容，短视频平台必须承担所有责任，一旦出现违规，国家互联网信息办公室即网信办会采取"约谈"的方式要求其进行整改，这就在政策层面为城市传播的短视频内容划定了大的框架，所有的内容都必须保证文化正确。

经济发展和文化正确的双重追求，使得平台上的内容制作也具有双重性质，一方面要宣传城市，追求流量，从而提高城市知名度，推动相关产业的发展；另一方面要传播与当下主流相符合的文化价值。例如，谭江海文化档案在抖音上关于故宫600年大展的视频中，既介绍关于600年大展的攻略，也介绍了故宫600年的历史，做到了展会和文化的"双宣传"。国家政策虽然限制了视频内容的传播，但确保了文化发展方向的正确，对于短视频的城市传播是必不可少的。

（二）流量变现目的下的竞相模仿

法国哲学家福柯提出了"全景监狱"的概念，用来指代社会控制的一种方式。在传统媒体时代，掌握更多话语权的少数社会精英可以利用信息的不对称对社会大众进行控制，而到互联网时代，"全景监狱"已经转化为"共景监狱"，不再是少数人监视多数人，而成为多数人监视多数人，任何人都可以通过网络去"监视"其他人，大数据的发展更是让"网上活动"时时刻刻都处于"被监视"的状态之下，相关管理者通过"监视"从而可以达到"控制"的目的。

但对于短视频的制作者来说，"被监视"反而成为视频制作和传播的目的，视频的上传就是为了让更多的人看到，从而进行进一步的流量变现，视频观看者的数量在很大程度上决定着这个视频的价值。因此，短视频平台所设计的算法逻辑成为视频制作者争夺的资本。由于当下短视频平台的算法逻辑是不对外公开的，视频制作者并不能清楚地知道到底什么样的内容可以获得更多的流量支持，所以在很大程度上只能依靠模仿相关内容的热门视频来获取更多流量。例如，抖音上"跟着抖音玩西安"话题中综合排序前 20 个视频中，与摔碗酒相关的视频就占了 5 条。跟风模仿成为获取流量的一个有效手段，但造成了内容的同质化，限制了内容本身的创新。

（三）平台特有机制下的固有样式

短视频作为城市传播的载体，一方面进行了传播的创新；另一方面将传播的样式限定在平台所特有的机制下，最为明显的是传播时常的限制。以抖音为例，一般的视频不能超过 60 秒，知识科普类的视频不能超过 5 分钟，这就意味着无法在此平台上进行长时间的视频传播，不能对城市进行较为全面的展示和介绍，只能抓住某一个场景进行碎片化的传播。另外，短视频中自带的效果会对原本的场景进行粉饰，而制作者为了获取流量会极大地掩盖原有场景的不足。在知乎话题"如何看待西安在抖音中突然没了热度"中，获赞最多的一个回答是现实与抖音中的传播场景差距太大，足以看出短视频的自带效果掩盖了城市原本的样貌，甚至有了"炒作"的嫌疑。

此外，短视频平台还有着自身的定位，不同的定位策略也会影响视频内容的制作。例如，快手侧重于"草根明星"，记录普通人的生活，所以快手上的视频制作者要通过执行"草根真实性"来精心培养和维护人格，从而展现出"现实生活"和"接地气"的风格；而抖音则侧重于年轻人所喜爱的流行文化，此平台视频的制作者多选用年轻人所喜欢的场景和话题。内容制作者不仅要出于商业目的制定自己的创造力策略，还要使他们所制作传播的内容可以与平台个性相关联，与目标受众建立亲密关系。

四、融合：守正创新下的立体化传播

从横向来看，每种城市形象传播的载体都会是创新和限制并存，因为每一种媒介的发展都有它独特的法则，这些法则一方面使得一种新型媒介能够在市场中占有一席之地，另一方面也为此种媒介的发展限定了不可逾越的框架，短视频为城市形象传播所带来的创新和限制也是基于短视频固有的逻辑。对于城市传播来说，要想充分地发挥出短视频的作用就需要掌握好创新和限制的尺度，做到既符合短视频本身的发展理念又要利用好它的独特之处。

短视频自身所带的公共传播特性对城市形象传播来说既是媒介的一种形塑又是更广泛的传播革命，解构了过去的城市形象传播范式，带来了新一轮的信息整合。但是，由于短视频中的个体成为信息整合的主体，消解了原有的组织控制，就很容易出现"无政府状态"，脱离正确的发展方向。从这个意义上说，短视频城市形象传播所具有的限制提供了一种新的控制方式，使得政府和平台在充分发挥对个体传播内容进行管控的基础上利用短视频内容补全城市传播的愿景，处理好自塑和他塑的博弈，从而增强城市形象传播效果，打造立体化传播。

在短视频城市形象传播的创新和限制状态下，政府和平台要发挥好管理者和组织者的作用，充分激发普通大众作为城市形象阐释者的作用。例如，西安、南京与抖音达成战略合作协议，在政府规划、民众传播的模式下充分利用新技术、新传播，借助抖音平台全方位、立体化地展示城市形象，共同打造了更加立体鲜活的城市新名片。与此同时，政府和平台也要及时地对短视频上的城市形象传播内容进行修正和调整，可以采取宏观宣传和入驻短视频两种方式相结合，从而使短视频展现出立体化传播的特征，塑造出一个符合品牌定位和实际情况的城市形象。

五、结语

技术的发展为城市形象传播带来了新的传播载体——短视频，这种传播载体一方面为城市形象传播带来了创新，另一方面也有着固有的限制。但创新与限制对城市形象传播来说并不是积极影响和消极影响的简单划分，更不是非此即彼的关注，而是两个完全中性的概念，它们本身就是短视频传播的两种固有性质，而城市形象传播要想更大程度地发挥好这种载体的作用，更为重要的是处理好两者之间的关系，把握好两者的平衡，利用"创新"的特性满足当下传播媒介环境的需求，利用"限制"的特性确保城市形象传播的发展方向，两者相互助力。随着媒介技术的发展，未来还会出现更为新颖的城市传播方式，但每一种媒介的发展逻辑都大同小异，既会有对之前媒介的创新之处，也会带有自身发展固有逻辑的限制，这需要我们处理好两者之间的关系，充分释放出新型传播方式对城市传播的作用，助推城市发展。

参考文献

[1] "抖音城市大数据"榜单出炉[EB/OL].（2018-10-04）[2019-12-10]. https://baijiahao.baidu.com/s?id=1613354542684022155&wfr=spider&for=pc.

[2] 报告｜短视频与城市形象研究白皮书[EB/OL]. (2018-10-13) [2019-12-10]. https://www.toutiao.com/article/6611540007746273795/?wid=1653359561751.

[3] 欧文·戈夫曼. 日常生活中的自我呈现[M]. 冯钢，译. 北京：北京大学出版社，2008.

[4] 吴圣华. 浅析自拍短视频的社交货币功能[J]. 今传媒，2018，26（10）：26-28.

[5] 中央网络安全和信息化委员会. 互联网新闻信息服务许可管理实施细则[EB/OL]. （2017-05-22）[2020-12-10]. http://www.cac.gov.cn/2017-05/22/c_1121015789.htm.

[6] 喻国明. 媒体变革：从"全景监狱"到"共景监狱"[J]. 人民论坛，2009（15）：21.

[7] LIN J, de KLOET J. Platformization of the unlikely creative class: Kuaishou and Chinese digital cultural production[J]. Social Media + Society，2019，5（4）.

[8] 彭兰. 短视频：视频生产力的"转基因"与再培育[J]. 新闻界，2019（1）：34-43.

[9] 李亚铭，张雯暄. 地方愿景与用户修正——城市形象短视频对官方宣传片的解构与建构[J]. 传媒，2020（20）：82-84.

[10] 张喆. 短视频的场景化营销对城市形象塑造和传播的作用——以西安市为例[J]. 新闻爱好者，2019（12）：71-73.

后真相时代网络暴力的成因及应对策略研究

茹亚玲

（北京印刷学院）

【摘　要】 随着网络的迅速发展，人们享受着网络世界的便利，同时也进入后真相时代。在网络世界里，涉及人肉搜索、信息泄露及人身攻击等方面的网络暴力事件屡见不鲜，一些网民习惯性站在道德的制高点对他人他事进行抨击。本文主要研究的是后真相时代网络暴力的原因及应对策略，主要采用了文献研究法、案例分析法和经验总结法等研究方法。网络暴力现象不仅侵犯当事人权益，而且扰乱网络环境，站在受众的角度而言，背后是受众心理的极端化、受众分化、受众自身对于信息的负面需求等因素综合作用的结果。因此，我们应该通过正视受众自身需求、避免情绪化、提升受众媒介素养等方面来防治网络暴力。

【关键词】 后真相；网络暴力；受众；原因策略

一、引言

当今社会进入人人社交的时代，人们在享受着互联网信息的即时性和广泛性所提供的极大便利的同时，也参与到一个与现实世界相关联的网络虚拟世界中，部分网民在虚拟世界中，借助网络的匿名性宣泄消极情绪、肆意妄为，甚至对当事人施行道德私刑，出现了很多暴力伤害事件。人们可以在网络上较为自由地发表观点，有时候看到新闻事件时，第一反应不是了解事情真相，而是借此为宣泄口传递负能量，进而使人们对于情感的宣泄远远高于对真相的追求。一些网民为了获得一时宣泄的快感而丝毫不顾当事人的利益，未曾想过自身的言行对他人的伤害及对网络环境的污染。当今不乏网络暴力的例子，那些鲜活的例子历历在目，不分职业、不分年纪，一个个鲜活的生命就丧生于一些网民的口诛笔伐中。由此可见，随着网络和技术的发展，网络暴力的危害也越来越大，网络暴力会扭曲人们的价值观，同时也加速了个人隐私的泄露，甚至可能引起社会恐慌，阻碍和谐社会的发展[1]，因而研究网络暴力、提出可行的解决措施显得至关重要。

我国对于网络暴力现象的研究整体呈较高的水平，目前学者对于网络暴力现象的研究内容主要为网络暴力现象的探究、促成网络暴力现象的成因、网络暴力的危害及规制、自媒体环境及新媒体环境下的网络暴力现象，包括微博等平台的网络暴力现象研究，还涉及传播学相关理论，如"沉默的螺旋""议程设置"等对网络暴力现象的研究等。学者们普遍注意到网络暴力的成因、影响及解决措施的重要性，并就新媒体环境下网络暴力的变化进行了侧重分析。通过文献的阅读和资料的整理分析发现，学者从受众的角度研究网络暴力的成果较少，笔者将从受众的角度来探讨网络暴力的成因及应对策略。

本文围绕网络环境下的后真相时代中网络暴力的成因和应对策略方面展开，通过对后真相时代网络暴力的内涵与特点、后真相时代网络暴力相对于一般网络环境下网络暴力的变化、后真相时代网络暴力的负面影响等层面进行具体整理和分析，以期能够准确把握后真相时代网络暴力的成因和应对策略，增强本文写作的实际操作性。

二、网络暴力产生的背景

在即时性、互动性的互联网世界中,受众的主体地位得到很大程度上的认可,但是网络的匿名性给予受众极大的自主权,部分受众在网络中随心所欲地发表言论,在这样的环境下就很容易催生网络暴力现象。受众一般以网络为手段,发布暴力言论、侵犯当事人隐私,对当事人的正常生活造成不良影响,这种舆论压力还会延伸到线下,对当事人权利有所损害[2]。

(一)网络暴力牵涉受众切身利益

在网络暴力现象中,网民针对某一人物或者事物进行道德审判,而且会对他人他事造成一定程度上的伤害。网络暴力的一般表现为:一定规模有组织的网民或者是临时组合的网民在网络空间中发表具有伤害性、侮辱性的话语、文字、图片、视频,也就是使用言语、文字、图片、视频等形式在网络空间中对他人进行人身攻击。这些人借助道德之名,对社会事件进行攻击评论,而且大多数人都是随波逐流,在不了解事情真相的情况下,高高举起道德的大旗,以伪正义的形式去攻击别人。另外,网络的匿名性庇护网民使之可以在网络空间为所欲为地发表一些恶意的攻击性评论。

网络暴力不仅是社会暴力的一种折射,也会转化为真实暴力,对被攻击者造成极大的伤害,损害被攻击者人身、名誉权等,是违背伦理道德的体现。具体而言,网络暴力主要呈现以下几个方面的特点。

1. 情绪化的狂欢

互联网时代,人人都握有麦克风,网民可以很大程度上表达自己想要表达的内容,并且参与到网络传播的各个环节中去。虽然受众话语权利的提高,利于其表达民意,但是也正因为这样使得众声喧哗,极易造成网络暴力。

在即时性、碎片性、多媒体性的社交媒体中,能够表达相应观点和情感并且能够刺激感官、心理的信息有着天然的传播优势,真相在这个时代中已经日渐衰落，逐渐失去了原有的力量。在社交媒体带来的高参与性和高互动性的传播过程中，网民也被埋没在超载的信息海中，信息的同质化现象严重[3]。很多时候，在事实不明的情况下，一些网民不管真相是什么，首先想要做的是宣泄自己的不痛快和负面情绪，网民对于一些人和事的刻板印象与负面解读会带动自己进入对事情的负面评论之中，大量主观臆断的猜测和无中生有的谣言伴随事件影响力的扩大不断扩散，进而强化了网民的固有偏见，最终产生真相滞后、情绪先行的现象。

真相让位于情绪的典型案例就是"李心草事件"。2019 年 9 月 9 日，昆明理工大学大二学生李心草在盘龙江醉酒溺亡。从最初李心草母亲被告知李心草和人"相约跳江"，到随后有关部门正式立案侦查，称李心草为"醉酒溺亡"，再到疑似猥亵凌辱的视频曝光，随着更多事件细节的披露，有关舆论也在一步步升温发酵。李心草溺亡案从引发舆论爆点至今，更多的真相已经慢慢浮出水面。网民对网上未证实的事件发布具有攻击性、煽动性的言论，这种形式多发自乌合之众，而且"人多力量大"[4]，比起一味盲目地声讨所谓的"有罪者"，更应将关注的焦点转移到案件的调查进展与真相的披露上，让真相超越情绪，还逝者以公道，还社会以正义。逝者需要真相的公布与起码的尊重，生者也需要公正的对待与合法权利的维护。

2. 相关内容关乎受众切身利益

网络暴力的内容主要是人们普遍关注的一些社会问题，如医患关系、道德底线等，都是一些敏感话题，可以在现实生活中引发激烈的讨论。有些内容涉及"人肉搜索"，不少"人肉搜索"的启动都会公布目标人详细的信息，只要被"人肉"了，目标人的隐私就会暴露于光天化日之下[5]。网络上的污言秽语已不堪入目，"人肉搜索引擎"的强大威力更将网络上的道德义愤转化为现实生活的暴力行为[6]，被搜索者面对的是人们在网络世界的谩骂，甚至在现实生活中也会遭受到人身攻击。

不管是线上暴力现象，还是由线上延伸到线下的暴力现象，都与受众的切身利益密切相关。而且网络暴力的话题极具敏感性，这些话题可以随时触发网民的敏感神经，同时也很容易引起受众的怜惜、叹息等情感，这时候一些网民习惯于化身为"正义使者"，为自己或者他人"打抱不平"，去谴责案件中的疑似施害方。网民往往发表一些激烈的或者无聊的言论来表达自己的立场倾向，并表达当事人应该怎么做的意愿。网民虽然不是事件的真正参与者，但是习惯了"保护"弱势群体的他们总是用自己的价值观去审判当事人是否应该受到惩罚。

（二）后真相时代网络暴力呈现新的特点

2016 年，牛津词典将"后真相"列为年度词，定义为"诉诸情感及个人信念，较客观事实更能影响民意"。"后真相"原本是用来形容一种畸形的舆论生态，即相对于情感和个人信念而言，客观事实对民意的影响更小。后真相时代是一个真相没有被篡改而是变得次要的时代。不管是谎话、流言还是绯闻，在网络上都能够得到广泛的流传并且呈现出真相的样子。相比主流媒体，网民们更愿意去相信彼此，如果在网络中出现与自己的立场相悖的内容，人们便倾向于无视这些内容而不是更加关注。针对某一新闻事件，这些人并不关心事实的真相是什么，即使最后被证明为假新闻，但是，人们的意见早已流传开来。后真相时代，公众自身所持有的偏见不仅没有得到缓解，反而在社交网络的推动下更加强烈，相较于大众媒体时代，公众也更容易被信息操控。

1. 事件中夹杂着多样化的情绪

现今我们已经进入后真相时代，后真相时代的网络暴力相较于普通网络时代的网络暴力有了一些不一样的变化。

后真相时代，人们对新闻真实的要求发生了变化。一些网民首先为情绪、成见、认知所左右，网民自己或许在生活中受到了抑制，于是便转移到虚拟世界中的某个人身上来发泄情绪。网民线下生活、工作中的冲突无法处理，然后跑到网上来发泄，只图一时泄愤的快感，被暴力者受到"千夫所指",在大波的情绪渲染后,网民也无心再去了解真相。曾经人们对真相的坚持被预先的价值判断取代,人们在事件中要求得到的具体真实受到了情绪的干扰。

2. 网络暴力事件的传播样态多样化

新的样态的不断生成,使网络暴力的传播获得了多种具体媒介形态的呈现方式,如图片、文字、视频、音频等,以"合"的方式共同呈现事件。网民利用各种相关软件进行图片制作、视频剪辑,有的事态在呈现上变得雪上加霜,有的事态无中生有,使"新闻"来得就像龙卷风一样快,基于这种信源所产生的"新闻"进而引发网民病毒式传播,甚至传播导致社交媒体瘫痪,成为所有娱乐媒体的头版头条。

3. 后真相时代的网络暴力伴随着更多的谣言

情绪化的网民派生出事件的各种真相的版本几乎难分真假,谣言的危害显而易见,如果被传播就会像病毒一样无限扩散,网络的发展使得谣言以几何倍数增长。在事件开始时,利益相关者发布谣言便会煽动不知实情的网民,这些网民就会在无形中被利用,他们被谣言愚弄,变得多疑。在传播过程中,真相越来越模糊,最后变得离真相越来越远。随即网络暴力演变成一场谣言的狂欢,网民们不再关心事件的真相,而是享受破坏的乐趣、传递谣言的快感。

(三)后真相时代网络暴力的负面影响

在后真相时代,网络暴力来得更加迅猛,网民在情绪的煽动下不管真相是什么,一味地发泄自己的不满情绪,先图"一吐为快"的快感,甚至不计发表不当言论的后果,因此产生的负面影响也更加严重。

1. 侵犯当事人的隐私、危害当事人健康

网络暴力一旦发生会给当事人造成严重的危害,在无界性与匿名性的网络世界中,有的网民打着维护正义的旗号,有的网民则是空口造谣与诽谤,有的甚至是发泄不满,但不论是出于哪种原因,网络暴力会直接危害当事人的心理及生理健康，包括引发抑郁、焦虑等，影响其正常生活，这种伤害甚至会波及当事人的家人、朋友和同事，造成极大的伤害。语言的伤害是直击内心世界的，近年的调查显示，我国的抑郁症发病率逐年大幅度上升，尤其是公众人物，所受舆论的冲击也更为深刻。

此外，网络暴力侵犯当事人的隐私权和名誉权，严重时可能构成犯罪。互联网时代，加速了信息传播的同时，也滋生了一些网络键盘手，他们随意散布谣言、恶意攻击他人，对不知情的事件、人物，进行捆绑、发表议论，更有甚者故意挑唆个人生命尊严的权威，甚至使人丧失对初心和美好追求的希望。仿佛躲在电脑屏幕背后，就如同戴上了假面具，不用对自己的言论负责。当网络暴力已经成为杀人的利器，其后果是大家都不愿意看到的人心冷漠和世态炎凉。

当网络上的言论超越了常规的理性范围、突破道德和法律的底线时，尽管这种攻击发生在虚拟空间，给当事人带来的伤害却是真实的。这种承受网络暴力侵害的例子层出不穷，但是隐匿于网络背后的施暴者，很难受到追究和惩罚。

2. 扰乱网络环境

网民在借助网络发布惹人争议及负能量的内容时，面对一些特殊事件就会变得情绪化，处于情绪化中的网民往往失去理性思考的能力，又很容易被暗示，由此就助推了促成网络暴力的力量，这样一来网络暴力的队伍变得越来越大，而那些不跟随大多数网民观点的少数网民便会遭到群体的围攻，产生群体极化现象，这样事态就容易走向极端。

另外，网民利用不实信息制造谣言或者利用明星的负面新闻大肆渲染炒作，实际上是让谣言有了无视纪律和无视公德而恣意妄为的市场，不仅宣扬了负能量，还污染了社会风气，给网民尤其是青少年带来了不良影响。长此以往，理性的声音就会被网民愤怒的言论淹没，网络空间就会变成一个专制、暴力、非理性的平台，网络环境生态也面临恶化。在无序的网络空间中，公众信息交往变得无序，人们的信息需求也不能得到很好的满足，更没有好的文化体验和精神生活。

三、后真相时代网络暴力的成因

网络暴力背后是很多因素综合作用的结果，具体从受众的角度而言，受众对于负面信息的需求、受众产生的分化现象及受众的负面心理都会在一定程度上引发网络暴力现象，也会产生极其恶劣的影响。

（一）受众的负面信息需求是网络暴力形成的潜在因素

1. 过分获取信息的需求

网络赋予网民至高无上的存在感，任何人都可以对事件进行传播和评价，也可以高效快捷地获取自己想要的信息知识。不论是在网站、论坛还是社交平台上，在获取信息的过程中，网民对于网络话题的参与度比较高，尤其是参与一些社会敏感话题的讨论时，媒介平台就成为现代人生活中不可缺少的表演舞台，形成了整体的参与热潮，如果缺少监督，网民便可以随心所欲地获取信息，有时候这种信息需求超越了理性，使得非理性声音压倒理性声音。部分网民在获取自己所需要知识的时候融入事件、深刻分析事件、陈述表达观点的程度变高，继而便会形成观点的对峙，造成极化从而引发网络暴力现象。

2. 过分娱乐消遣的需求

在碎片化的网络时代，人们一方面享受着碎片化的内容，另一方面将制作碎片化、断章取义的内容作为一种消遣，剪辑、改编、二次创作是近年来互联网上颇为时髦的一种文化表达手段，部分网民将原内容和内容空洞、主题低俗却很容易记住的内容搭配在一起，取得疯狂式传播。典型的就是以戏谑化、恶搞化为显著特征的"鬼畜"视频，将原来的视频配上具有讽刺、搞笑的话语进行娱乐，获得流量。这些内容博得网民一笑，随即不经过思考就转发点赞的行为就为网络暴力做了铺垫。还有就是以漫画的形式来叙事，煽动网民情绪。部分网民根据漫画的内容尽情发挥，对相关当事人进行网络暴力。这样的娱乐恶搞虽然体现了互联网时代受众地位的提升、受众主动参与文化创作积极性的提高，但是这种过分娱乐的内容形式严重消解了严肃的叙事形式，参与戏谑文化创造的网民只图一时的快感，但不承想这样的行为对他人带来的伤害。

3. 过分获取认同的需求

不论是在现实生活中还是在虚拟空间中，人人都需要获得存在感、需要被认同。网络的匿名性和虚拟性使网民获取认同的成本大大降低了，网络中社交的成本远远低于现实生活中社交的成本，个人在日常生活中的缺点在网络空间也会得到很好的掩饰，并且可以更大程度上扩展社交范围。在社交网络环境下，网民之间的信息交流实现了真正的去中心化，个人既可以是演员也可以是观众，哪怕是个人也可以形成一个信息交流平台，一些网民便会传播一些博取其他人认可的观点、内容，一味地迎合他人的口味。在网络暴力事件中，群起而攻击当事人的行为往往会得到大多数人的认同，这也是选择和大多数人在意见上站在一边。另外，在网络空间，获取流量一定程度上就会获取认同，某些传播内容获取一定的流量、点击量，就会吸引更多的人围观，更加有可能引起大家对当事人的口诛笔伐。获取认同是每个人都会有的心理，有时候哪怕是持不同意见的人为了获取认同也会屈服，正是这种过分想要被认同的心理，增加了带来网络暴力的风险。

（二）受众的分化激发网络暴力的负面影响

随着认知水平的提高，作为权利主体的受众，开始意识到自我意识和判断能力的重要性，身处不同环境中的受众，不论是需求还是自我判断，均存在明显的差异，正是因为如此，受众在进行信息选择时才出现了更多的可能，受众分化随之产生[7]。受众分化的主要原因有两点：首先是近年来政治、经济、文化等方面出现了分化，社会逐渐走向多极化、多层化，进一步而言，受众与受众之间的社会观念和价值标准，甚至消费欲望和消费能力也因此产生了巨大的差别；其次是传播技术的大力发展给予受众越来越大的选择空间，他们可以依据自己的"特殊需要"来选择信息。

在分众化时代，受众拥有更大的选择权、主动性更强，受众细分为多个群体，随即也出现了很多的亚文化，如粉丝文化、二次元文化等。各个细分群体情感上有很多共鸣，联系紧密，也会协同生产内容，群体内的成员的态度和行为就会受到群体的制约，因此基于共同利益就形成了许多相互交错的社会关系网络。由于这些情感上的联系，对于特定的事情，某个细分群体中"看不惯"某些现象的概率就会更大，因此网络暴力的攻击也就会更加主动、集中、激烈。

（三）受众心理的极端化激化网络暴力

受众的负面心理也是促成网络暴力的一大因素，这些负面心理有选择性心理的极端化、逆反心理的极端化、从众心理的极端化及猎奇心理的极端化，这些极端化的心理使受众在消费信息的路上走偏，最终酿成不良后果。

1. 选择性心理的极端化

所谓选择性心理，是指个体对一些对象或对象的某些属性知觉并反应，而对另一些对象及其属性倾向于不反应[8]。受众的选择性心理有选择性注意、选择性理解、选择性记忆。

选择性注意指的是受众会自行选择自己喜爱的媒介和能够支持自身所持信念与价值观的信息。在网络暴力事件中，这种心理的存在使得网民对于自己不认同的、与自己立场不一致的内容采取回避的态度，更加严重的现象就是攻击、谩骂与当事人相关的人和事。选择性理解是信息传播的译码过程，不同的人有不同的理解，即使同一人在不同的情境、不同的知晓程度下也会产生理解的差异[9]。受众对信息的理解过程也是对信息进行二次创作、二次传播的过程，在理解信息的过程中受众往往加入自己的主观因素而造成理解上的差异，对于一些看不惯的事情自身就会按照原本既有的态度、观点去理解，哪怕形成的是歪曲的理解。

传播学之父施拉姆提出了信息选择的或然率公式，该公式为：选择的或然率=报偿的保证/费力的程度[10]。"报偿的保证"指的是传播内容满足于受众信息需求的程度，而"费力的程度"则指的是受众为了得到这则信息的难易状况。在网络暴力事件中，网民发泄情绪、攻击当事人的行为能够为自己带来快感，自己容易得到满足感，而这一过程几乎是毫不费力的，所以这是一种既省力又能愉悦自己的方式。

使用与满足理论是美国社会学家卡茨首先提出的，是指从受众角度出发，通过分析受众的媒介接触动机及这些接触满足了他们什么需求，来考察大众传播给受众带来的心理和行为上的效用[11]。受众会选择自己偏爱和认同的媒介进行信息消费，而且同一信息会满足不同受众的不同需求。网民使用媒介攻击他人他事的过程就是获得满足的过程。

2. 逆反心理的极端化

网络舆论逆反心理通常表现为网民对已有政府信息所得出的结论、判断进行反方向思维，产生怀疑和动摇进而否定的态度[12]。在多元化的社会关系网络中，每个人都有自己的关系"圈子"，网络圈子内的内容具有很强的同质性，出于自我防御，为了抵御其他"圈子"对于自己所处"圈子"内文化的攻击，刚开始会不理睬外界的声音，但是到后来便会驳斥、反面理解信息，这个阶段也就是网络暴力爆发的阶段。

3. 从众心理的极端化

从众心理是指受众在行为和观点上发生与群体中大多数人相一致的变化。网络暴力现象愈演愈烈的社会背景下，既会对受害者造成难以弥补的伤害，也会影响人类的理性思考，使之很容易形成盲目的跟风从众心理[13]。生活在不同团体中的受众，需要与环境保持一致，迫切想要得到群体成员的认可和接纳，所以在表达意见、作出行为之前会事先观测其他成员的意见，然后采取与大多数人一致的心理或行为，群体为了自己的团体活动进行得顺利，会存在一些相同的观念和规范，违反这些观念和规范的人往往就会被孤立。在来势迅猛的信息洪流中，网民没有消除信息不确定性的条件，自主判断能力降低，会自觉不自觉地表现出跟风行为[14]。在网络空间中，如果群体内有人"不合群"，不发表和大多数人相一致的意见，就会受到攻击，也会沦为网络暴力的对象。由于群体压力而形成从众心理和行为，这样的现象在社会生活中较为普遍，对于那些文化层次较低的群体而言尤其如此。一些网民很少经过独立思考，他们习惯了跟风，面对庞杂的信息没有能力分辨信息的真假，哪怕是成年人也会失去理智，不为自己的行为负责任。这些网民习惯了道德绑架，用看不见的刀口一下又一下划向别人，一场狂欢结束后下一场狂欢来临，刀口又将对准下一个人。从众心理过于极端，会造成群体迷失、群体极化、匿名性效应等不良影响。

4. 猎奇心理的极端化

猎奇心理是受众心理的一种，猎奇现象最为典型的就是"潘多拉效应"，也称为"禁果效应"，其心理实质，就是逆反心理与好奇心理共同作用，正所谓"大道不传、小道传"，这种普遍意义的好奇心，可以理解成相对信息不对称情况下，人们对未知领域的探求[15]。好奇心是人自打出生就具备的思想，尽管在早期只是一种意识，但是已经成为一种本能，只是所见所闻有限。人们期望能够借助大众传播媒介来满足自己的好奇心。一般来讲，猎奇心理没有什么消极作用，但一味追求猎奇的心理只会带来无尽的负面影响。猎奇心理是一种看客心理，想要窥视，想得到更多有关此类信息的想法，其典型的例子就是人肉搜索。当今，公众人物的隐私常常成为受众津津乐道的话题，这意味着他们必须让渡比常人更多的隐私空间来换取知名度与商业利益，因此也常常被当成道德审判和暴力攻击的靶子。在这个匿名、免责、快速迭代的网络世界，人们在网络空间中表达自己的意见时，其自我情感的表露与意见的表达比在现实社会中更加频繁与激烈。类似于

"正义的天平"这种争论在网络空间中并非越辩越明,只不过是大量的非理性的情绪宣泄与撕扯他人的暴力表达而已。

四、后真相时代网络暴力的应对策略

网络暴力带来了很严重的负面影响,不仅对当事人的权益造成很大的伤害,还污染网络环境,因此要提出有效可行的措施来尽全力防止网络暴力的发生。

(一)正视自身需求

在这个众声喧哗的时代,人人都持有麦克风,网民对于海量信息的筛选、判断与解读有更大的自主权,喧嚣与骚动不可避免,但是网民应该自觉维护网络秩序,使网络空间井然有序。

网民在搜寻自己所需要的知识的时候,不论是在社交平台上还是在网站上,首先要辩证地分析信息的可取性,分辨是否有二次加工的痕迹,不可既来之,则取之,不假思索地进行"拿来主义",有时候在不知情的情况下获得虚假信息,也会成为网络暴力的推手。

获取认同是每个人都会有的心理,但是也应该取之有度。在去中心化的时代,更加自由无可厚非,但不是更加随意,网民应该辩证对待去中心化。不可为了获取认同一味地迎合别人的口味传递假大空的信息,一味地迎合他人不但使自己失去光芒也使认同没有了意义,也不可一时贪图流量、点击量而肆意制造虚假信息,有时候不经意间的转发点赞也可能会成为压死骆驼的一根稻草。

娱乐消遣是生活的调味剂,适当的消遣娱乐使得生活多姿多彩,在碎片化的时代,消遣也是碎片化的,小视频、漫画可以很好地满足碎片化时间内的乐趣。但是应该树立正确的娱乐观,有时候你可能随意打开一个视频,随之一笑,可是你却成为贡献流量、被有意之人利用的靶子,在那些网络暴力事件中,你曾经也可能是将当事人推上风口浪尖的幕后人。在一些"标题党"、不良媒体的大肆渲染下，你可能会被诱惑，所以观看媒介内容也应该提高分辨力。另外，在自己制作传播内容时，不能抱着"玩玩"的心态肆意使用素材添油加醋，不经意的剪辑之举就可能会为别人埋下抑郁的种子。

（二）理性思考

如今的时代需要意见也需要评论，但是评论太多，事实就不够用了，因此意见应该建立在事实真相的基础上，意见和情绪不应该干扰人们对于事实的判断，也不应该凌驾于事实之上，这不仅是如今专业媒体需要坚持的原则，也是每一个网民需要坚持的。碎片化的传播内容会阻碍人们对于事实真相的认识，在碎片化时代，人们接触到的信息只是事实的其中一部分，进而就可能会以偏概全地去理解事实真相，所以人们应该具备区分事实和意见、事实判断和价值判断之间区别的能力，这种能力也需要长期培养。不能只是基于个人直觉和一时的情绪进行事实选择、价值判断、信息筛选，网民需要在作出判断之前进行理性思考，区分清楚事实与意见之间的界限，以理性交流来摆脱后真相时代情绪意见高于事实的困扰。

网民在寻找自己需要的信息的时候，要对呈现在自己眼前的信息保持警惕，提高分辨力。有些信息的发布可能是传播者为了抢占先机、赢得竞争、争夺眼球发布的不实信息，然而实际上事情仍然在发展和变化中。尤其是网络中各种信息鱼龙混杂，当一条爆炸性的惊人消息发布后，不要先忙着"吆喝"，应该做的是先等一等，了解清楚事情发酵的过程及发展的态势。另外，网络空间中以类似于"全中国都在转"这样的标题党获取网民眼球和关注的信息数不胜数，不能被标题迷惑了心智，在转发之前，起码应该看一看里面到底是什么内容。对于事件的认知理解也不能一再"任性"地以自己的喜欢为基础，要有包容不同的心理，要有你可以不同意但是不能胡乱评价的素养。在呈现信息的时候，也不能只呈现自己同意的观点立场，要保证观点的客观公正，确保自己传播的信息不会对他人造成误解，进而影响到他人对于事情真相的判断。在发表言论之前，首先应该思考此言论是否带有偏见，是否会对当事人造成伤害，发表言论是每一个网民的合理权益，但是维护自己的权益并不是伤害他人的理由，应理性思考、辩证分析，不盲信盲从，才能够更好地维护整个网络生态，使之良性运作。

网民也要在独立思考的基础上有意识地进行自我调节，要明确自己的与众不同并不是通过对抗他人来实现的，也要引导受众学会站在"巨人"的肩膀上看问题，形成自己的独特风格，而这种风格又不是与他人的利益相冲突的。受众不再有耐心去了解真相时，真相也就跑得慢了起来，事实也不会得到完整的呈现，便会出现碎片化的"事实"，这样的事实片段便得到了广泛的传播。所以，网民在选择从众前应该静一静，考虑一下自己的动机是什么，是不是应该跟随大众对当事人口诛笔伐，当事人是不是应该受到这些惩罚，理性思考、坚守道德底线、以道德准则来要求自己才是根本。要加强网络文化建设，剔除网络暴力，必然要从道德的主体出发[16]。由此可见，在受众接受或发布信息时，首先要审慎思考、辨别信息的真伪和质量的高低，再进行内容的发布和创作，不仅可以提升发布内容的品质，还可以减少网络暴力事件的发生。

（三）提升媒介素养

媒介素养主要是受众对各种媒介信息的获取、分析、评估和传播能力，以及利用媒介信息实现自我发展和促进社会进步的能力[17]。网民的个人素养和文化程度参差不齐，再加上事件的复杂性，往往很难判断谁对谁错[18]。网民在一些社会讨论议题中参与度很高，但是融入程度却不高，所以要培养网民的自主意识，鼓励高素质的网民参与到议题的讨论中，营造健康的舆论氛围。从网络暴力最直接的施害者——网民本身出发，加强网民的媒介修养是最直接有效的方式[19]。网络素养的缺失将严重影响公众意见的理性表达和舆论监督合理有序地进行，因此不仅要提升网民使用网络工具的能力，还要提高其利用网络进行社会化交往协作的能力。针对网民整体素质参差不齐的现状，网民要自主认识到这个问题并改进，提高网民整体素质。对于媒介素养的自我认知和提升，受众应该理性消费信息、积极主动营造健康的网络环境，同时加强自律，这也是每个受众应该承担的基本责任。

1. 合理消费信息，做正确的信息使用主体

新媒体普及后，从被暗示具有被动性的"受众"到主动的"用户"的转变，体现了对于媒体使用者的主动性的强调，受众会基于个人兴趣与需要去发现、搜集信息。从"受众"到"用户"的转变，更意味着网民成为网络传播中的节点，这就意味着用户拥有更多自主选择的权利，面对海量的、差异化的信息、内容与服务，用户可以自主构建信息网络，但在主动性得到充分的保障以后，应该合理利用这种便利性，而不是拿这种便利"谋取私利"。后真相时代，网民在面对信息时应该克服自己既有的刻板印象，学会接受并且勇于承认与自己原有看法不同的事实，而不是一味地攻击不符合自己立场倾向的观点，应该学会走出"思想的舒适区"。

2. 积极主动营造健康的网络环境

后真相时代，网络中众说纷纭，似乎追赶真相的脚步有些太慢，所以要通过普及知识等方式来帮助网民认清"后真相"的本质，要认识到任何事情都存在两面性，"后真相"只放大其中的一面，营造一种"拟态现实"；有时候你认为别人的言论很有道理，说不定只是因为你知识储存太少，所以不能妄下判断，每个网民都应该认识到这些，自觉维护网络秩序、营造健康的网络环境。新浪博客也曾转载评论称，"如果人人都能反观自己的网络言行，就能营造一个更加和谐的社会"。

由此可见，网民拥有自觉营造健康网络环境的意识至关重要，将这种意识投入日常行为实践中更为重要。当受众无法判断事情真伪的时候，不要基于此发表不恰当的结论；还有水军无处不在，千万不要让自己裹挟其中，成为乌合之众；在发表言论之前先衡量信息的准确性；还应该劝导身

边的朋友减少暴力信息的输出，用自己的行动感染他们；另外，由不同网民组成的群体来影响个体，在传播活动中也可以营造相对良好的人文环境，由此形成健康的循环，这些不管是对于提高受众素质，还是改造传播环境都有积极的促进作用。

3. 加强自律

在网络上对事件当事人评头论足，轻轻松松扔下几句宣泄，已成为当前网络舆论场的"标配"，但是，每个人不应该为了一己私利而随意抛下自己的泄愤之言，把网络空间弄得不得安生。在个人方面，作为互联网用户的一员，要努力做一个遵守互联网规则、坚持正确价值观、保持乐观积极生活态度的合格网民[20]。网民在使用媒介的过程中，要加强自律，不随意传递虚假信息、不随意制作不良内容，减少发生网络暴力的可能性。如果有网络暴力事件，也要做到不围观、不跟风、不站队，不与情绪激昂的网民争论不休，在事件发生过程中进行审慎思考，不立即发布有不良价值导向和自身情绪的话语。在选择信息时，网民应该擦亮双眼，分辨清楚信息和意见的区别，区分清楚优劣信息再进行信息知识的摄入；在进行内容的制作时，网民也应该以专业的态度来要求自己，用专业的理论知识武装头脑，不随意拼接剪辑不真实的内容，要确保自己制作的内容真实、客观。网民的自律是网络伦理的终极目标和终极关怀。在网络社会中，网民的自律对于网络社会有序化的价值不言而喻[21]。用自律律己，也会感染到身边的人，如果每个人都能做到自律，不随意传递信息、攻击他人，网络暴力事件会大大减少，营造清朗的网络空间也指日可待。

五、结论

网络暴力是多种因素共同作用的结果，但网民是相对主要的也是主动的因素，一旦发生网络暴力，会给当事人和社会造成严重的影响，在缺乏约束的虚拟世界中，恶意攻击、人肉搜索、网络水军，种种问题日益凸显。

在后真相时代，比起探究事件背后的根本性问题，网民总是对能够为其提供情绪宣泄出口的边缘议题更加青睐。对于网络暴力中的被暴力者而言，接受网络异议、在信息爆炸的夹层中寻求生存、面对抑郁的困扰和威胁甚至是付出生命，各种各样的形式伤害着当事人。应对网络暴力，受众的所作所为起着至关重要的作用，从网民角度出发，正视自身对于信息的需求、理性思考、换位思考、不断提升媒介素养等各方面综合起来才能减少网络暴力事件，网络空间也会变得更加清朗。如果只是单纯为了追求一时情绪的宣泄带来的虚幻美好，那么受众终究会在舆论风暴后陷入更深层次的空虚中。只有我们具备了独立思考与理性沟通的技能，才不至于让我们的网络空间中到处情绪横行、乌烟瘴气。

参考文献

[1] 董丽君. 网络暴力引发的伦理思考[J]. 法制博览, 2018（27）：181.

[2] 曲红. 群体极化下的网络暴力研究——以重庆公交车坠江事件为例[J]. 今传媒, 2019, 27（3）：38-40.

[3] 宋凯, 袁奂青. 后真相视角中的网民情绪化传播[J]. 现代传播（中国传媒大学学报）, 2019, 41（8）：146-150, 156.

[4] 王琪. 新媒体环境下网络暴力现象分析[J]. 试听, 2019（2）：119-120.

[5] 刘锐. "人肉搜索"与舆论监督、网络暴力之辨[J]. 新闻记者, 2008（9）：87-89.

[6] 张卓, 王瀚东. 中国网络监管到网络治理的转变——从"网络暴力"谈起[J]. 湘潭大学学报（哲学社会科学版）, 2010, 34（1）：88-91, 98.

[7] 于熹. 从受众分化角度分析传统媒体转型[J]. 传播力研究, 2019, 3（18）：13-14.

[8] 张兆军, 安伟豪, 马帅. 以信息选择或然率视角分析移动新闻客户端——以今日头条为例[J]. 新闻研究导刊, 2016, 7（11）：312.

[9] 丁慧民, 王聃. 高校微信公众平台对大学生思想引导研究——基于大学生选择性心理分析[J]. 新媒体研究, 2016, 2（16）：66-68.

[10] 戴烽, 刘奇伟. 浅析电视广告受众的选择性心理[J]. 江西师范大学学报, 2003（4）：77-81.

[11] 胡祯珍. 使用与满足理论文献综述[J]. 新闻研究导刊, 2017, 8（8）：107.

[12] 李伟权. 政府应急管理中网络舆论受众逆反心理预警机制研究[J]. 中国行政管理, 2013（11）：12-17.

[13] 毛向樱. 网络语言暴力问题研究及治理：国际经验与本土实践[J]. 佳木斯职业学院学报, 2018（6）：363, 365.

[14] 裴扬. 探析网络暴力成因及危害[J]. 新闻世界, 2013（8）：126-127.

[15] 同[10].

[16] 孙英. 网络暴力的伦理探究[J]. 现代商贸工业, 2020, 41（3）：139-140.

[17] 吴淑娟. 信息素养和媒介素养教育的融合途径——联合国"媒介信息素养"的启示[J]. 图书情报工作, 2016, 60（3）：69-75, 147.

[18] 谢芸竹. 新媒体环境网络暴力现象与秩序重建[J]. 传播力研究, 2018, 2（31）：225-226.

[19] 杨荣智. "后真相时代"网络暴力的成因及解决对策[J]. 试听, 2019（12）：184-185.

[20] 梁红燕, 沈智. 从"雪莉自杀事件"看网络暴力成因及对策[J]. 新闻前哨, 2019（11）：104-105.

[21] 孙健, 许祖迎. 网络舆论监督及其规范[J]. 中国行政管理, 2011（12）：16-19.

国产网络游戏在国际传播中的作用研究

张志宇

（北京印刷学院）

【摘　要】 一直以来，在网络游戏是否属于出版物的问题上存在很大争议，但是当今许多互联网公司的经营情况和大数据告诉我们，网络游戏能够带来巨大的经济效益并且在文化传播方面具有巨大潜力。在新媒体和数字出版物不断丰富并占据更多阅读空间的今天，网络游戏在文化传播尤其是跨文化传播中的作用不可忽视。本文通过对游戏市场的数据分析，以及对游戏发展历史的归纳和总结，对游戏是否为出版物进行分析，最后总结游戏在跨文化传播中的积极作用，以及中国游戏出版产业可能存在的问题。

【关键词】 网络游戏；电子游戏；游戏产业；文化传播；国际传播

一、研究背景

2010年6月，文化部出台了《网络游戏管理暂行办法》，时任文化部文化市场司网络文化处相关领导在新闻发布会上反复强调：网络游戏不是出版物。2019年7月，文化和旅游部正式印发《关于废止〈网络游戏管理暂行办法〉和〈旅游发展规划管理办法〉的决定》（文化和旅游部令第2号），废止了之前制定的网络游戏管理办法[1]。

根据腾讯2019年财报所提供的数据，网络游戏收入在其公司2019年总收入中所占比重高达 30%，虽然游戏业务并不是腾讯的主体业务，但从近十年的收入表现来看，网络游戏依旧是腾讯最赚钱的业务[2]。此外，腾讯代理并由其旗下工作室开发的 *PUBG Mobile* 在海外游戏市场获得巨大成功，中国智能手机端游戏的影响力显著提升，成为新时代中国文化"走出去"战略在实践过程中的一个精彩片段。

旧的政策被废止，新的政策又尚未出台，这就留给了游戏产业相关研究者研究网络游戏管理问题的时间和机会。而放眼网络游戏在中国数字文化产品市场中的地位以及在国际文化传播中的作用，这个在不久的将来要提上日程的议题还是有很大的研究价值的。

二、网络游戏在中国的发展现状

在经历了 2010 年因《网络游戏管理暂行办法》而引起的网络游戏停发刊号风波后，中国的电子游戏产业遭遇了九年的凛冬时期，在这段时间中，许多规模不大的小型游戏公司因为排队审核拿不到版号而资金链断流最终倒闭。2018 年，中国 42% 的游戏公司因为版号暂停审批而收入下滑。

2019 年《网络游戏管理暂行办法》被废止之后，中国电子游戏产业也由此迎来了一次增长的高峰。从中国音数协游戏工委（GPC）与国际数据公司（IDC）共同发布的《2020 年度第一季度中国游戏产业报告》中可以得知：受新冠肺炎疫情影响，春节假期及其后的一段时间内，人们的主要活动以居家休闲为主，线上文娱在此期间获得了长足发展，特别是游戏有极为亮眼的表现[3]。

由图 1 可见：2020 年第一季度，中国游戏产业实际销售收入实现阶段性、爆发式增长，多款游戏产品取得了比较好的成绩。其中，中国游戏市场实际销售收入 732.03 亿元，相比 2019 年第四季度增长了 147.43 亿元，环比增长 25.22%。另外，2020 年第一季度，中国自主研发游戏海外市场实际销售收入达 37.81 亿美元。

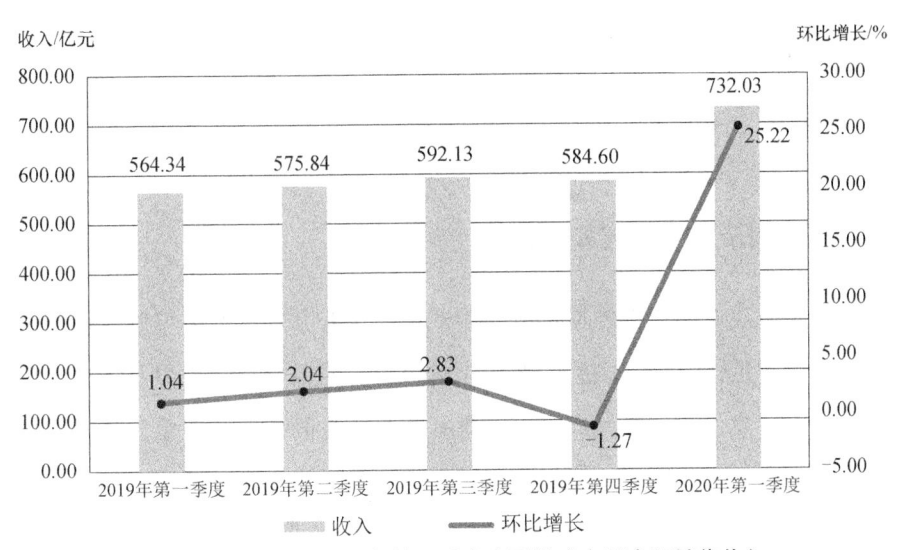

图 1 2019 年至 2020 年第一季度中国游戏市场实际销售收入

中国的游戏产业不仅在国内市场创造了显著的收益，在海外市场也获得了卓越的成就。由图 2 数据，中国自主研发游戏海外重点地区收入分布中，在美国的收入与在日本的收入占比分别高达 29.80%和 23.38%，而美国和日本恰恰正是世界公认的两个电子游戏产业大国。

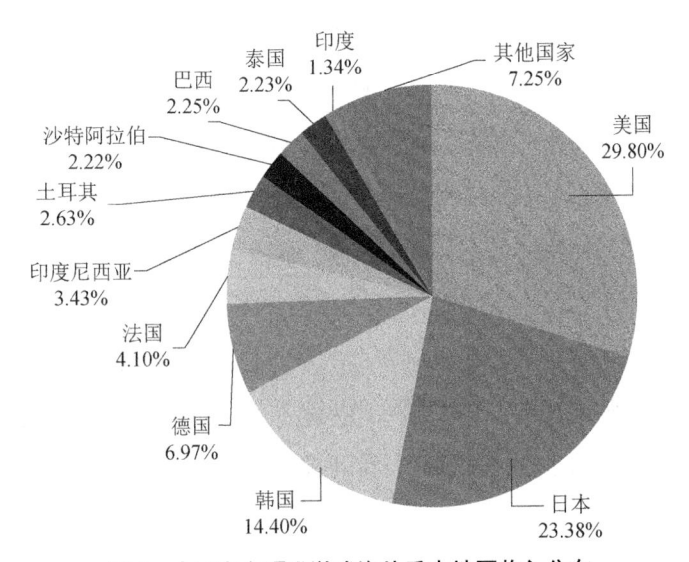

图 2 中国自主研发游戏海外重点地区收入分布

综上，中国的游戏产业近年在收益和抢占海外市场方面颇有建树，并且其影响力扩大，越来越被社会和媒体关注，网络游戏的发展前途也逐渐向好。

三、网络游戏究竟如何定义

网络游戏属于什么领域？网络游戏到底该怎么定义？多年以来这都是一个火热的话题，但是直到现在也没有讨论出结果来。学术界有许多人认为：网络游戏是一种媒介产品，它具有传播信息的特质。但是，要研究如今大红大紫的游戏产业并非易事，因为不论是出版界还是游戏界都没有摸清中国游戏产业所生产出的这个媒介产品的边界，以及它到底该如何归类。鉴于此，我们需要弄清两个重要的问题：第一个是我们所说的"网络游戏"这个统称是否严谨、是否囊括了我们所有的研究对象；第二个则是这个研究的主体到底是不是出版物，对传播和出版行业有没有研究的价值。

（一）网络游戏的定义问题

首先是定义的角度问题。通过网络检索，"网络游戏"被国内外学者定义为可以联网玩的游戏，相对地，只能单人独自玩的则是"单机游戏"，而这两种游戏有一个统称——"电子游戏"。之所以被称为电子游戏，是因为当你玩这些游戏时，你需要一个电子产品作为媒介，如一台电脑、一部手机，抑或是 Xbox 和 PlayStation 这类专用的游戏机。而电子游戏的存储媒介也有两种形式：实体的（如游戏安装光盘）和虚拟的（如电子复制和云端下载）。但是，无论一款电子游戏是否支持多人在线连线游戏、是否有实体的存储方式，它都需要经过制作商的制作生产和发行商的发行两个必不可少的阶段（私人团队制作的独立游戏制作商和发行商则可能是同一公司或人），而一款电子游戏如果要发行，它必须经过相关部门的审核并获取得以发行的版号。

在中国，我们所说的网络游戏一般指大型多人在线联网游戏，出版界则定义为只能以数字、信息的形式存储于互联网上的游戏产品。这其实都是很不严谨的定义，中国有许多不能在线联网的游戏，其中很多还十分有名，如被改编为电视剧的《仙剑奇侠传》系列。另外，中国曾经也大量发行过实体的游戏光盘，如2003年吉林音像出版社发行的《秘密潜入2》，并且这种类型的游戏产品在中国仍未停止制作和生产。

综上，"网络游戏"这个名称无法完整地概括中国游戏产业中的所有产品，因为在中国，我们对这类媒介产品的定义太过拘泥于存储它的载体，而不是使用它的载体。所以，在以下的文章中，笔者会采用"电子游戏"这一名称来指代我们今天所研究的主题。

（二）网络游戏、电子游戏是不是出版物

目前，中国绝大部分的电子游戏都是以电子拷贝或云端下载的方式获取的，所以这不符合中国对电子出版物的定义：其存储载体必须是实体。这其实是走入了一个学术的误区，因为中国的电子游戏并不是不可以采用实体的存储方式，而是电子游戏的实体存储方式在中国已经被淘汰。

中国从20世纪80年代到21世纪头十年，可以称为"音像店时代"，因为音像制品成为除图书和报纸以外我们最常见的媒介产品。在那个时候，歌手发行的歌曲、摄制组拍摄的电影等都是通过磁带、录像带、CD光盘、VCD/DVD光盘等实体媒介来存储和传播的，而电子游戏则在那个时期被定义为音像制品。但是，由于当时的中国并没有很完整的版权相关法律，也没有建成完整的版权保护机制，再加上1994年中国接入互联网以后为盗版提供了无限的生长环境，最终盗版猖獗让整个音像制品产业遭受了灭顶的打击。少数音乐公司和版权公司通过转型，发展数字模式才得以生存下来，这就是我们目前所熟知的数字音乐和数字阅读产业。中国的游戏产业发展相对较晚，大部分游戏公司的产品推出都已经不处在实体媒介流行的那个年代，而一些早期经历过这一阶段的前辈公司，如北京欢乐亿派科技有限公司和其光盘版的游戏产品《大秦悍将》，则成为时代的牺牲品。这正是造成中国不论是游戏产业的从业者还是传播和出版行业的从业者对于电子游戏定义存在误区的根源之一。

那么，目前中国市场上存在的电子游戏到底算不算是出版物？通过研究笔者发现，除了存储设备一般不是实体的这一特征以外，电子游戏基本具有电子出版物的部分特征，其中最为重要的一点就是版权。上文提到的电子游戏发行中的制作商和发行商，就类似于图书出版中的作者和出版社，两者之间必须签订版权合同。另外，电子游戏也是无可争议的传播信息的媒介之一，虽然传播的目的主要是盈利，但是当今社会各类出版物追求盈利已成为常态。

四、电子游戏、网络游戏对于社会和文化传播的意义

（一）电子游戏在生活娱乐和艺术创作中的基本作用

网络游戏、电子游戏对于人类社会有积极意义吗？目前从社会和媒体的广泛认识来看，人们依旧认为游戏是弊大于利的，但是这并不能掩盖电子游戏在年轻群体中的影响力以及游戏产业巨额盈利的事实。根据网络检索，全球各方面的研究表明电子游戏对社会产生了深刻影响，当然也有负面观点认为其限制青少年的身心发展。但不可否认的是，电子游戏已经成为人们生活中常见的一种娱乐方式。游戏是自古以来动物从事的娱乐活动之一，其定义随着研究的学者不同而有所差异，但游戏的基本属性是娱乐，"游戏是一种能使参与者及被参与者共同快乐、愉悦的方式"是跨越时代、地域、文化而被普遍认同的一种观点。在传播学领域，"传播是游戏"本身就是其中一种话语研究，这一话语在互联网高度发达的今天更是有十足的体现：越来越多的多媒体平台、社交平台与媒介产品开始以生活娱乐服务为主，而娱乐也是受众使用媒介产品的主要目的之一。

电子游戏不单单是一种娱乐，更成为一种文化现象，华东师范大学吴冠军教授更是将电子游戏形容为第九艺术。不得不说，电子游戏产业为现

代电脑绘画、电子音乐等艺术创作提供了一个崭新的平台，这体现在电子游戏制作过程中的原画部分和配乐部分与许多影视、动画有相类似的创作历程，尤其是电子游戏的配乐，很多都脱离了游戏而成为生活中的流行音乐，如山冈晃为游戏《寂静岭2》所创作的主题曲 *Promise* 就曾火热于海内外的数字音乐平台并开办过《寂静岭》系列主题曲演唱会。另外，电子游戏也衍生出许多优质的内容创作，如2019年在中国十分火热的真人互动电影《隐形守护者》，该类具有电影创作特质的作品目前仍然被归类为电子游戏产品。

（二）电子游戏在国际传播中的作用

上文中提到中国自主研发的电子游戏在海外市场尤其是美国和日本取得了巨大成就，这一点在文化传播领域有着不可忽视的里程碑意义。因为近十几年以来，美国和日本向中国等东亚国家输出了大量的音乐、电影和电子游戏等文化产品。在此期间，美国的超级英雄主义和日本的动漫文化等内容也逐渐为中国观众和玩家所接受，从某种角度上成功地重新塑造了他们的国家和人民形象。相比那些传统的传播形式，以声乐和图像构成的文化形象往往更容易为人们所接受，如国外音乐在国内的广泛传播，大家可能听不懂他国的语言和声调，但是仍然能被音乐的声调和旋律打动，能够领略这些作品中所富含的情感。

"讲好中国故事"是由中国国家领导层所提出的重要文化和国际传播策略，这是新闻传播的本职工作，也是时代赋予的重要责任。讲一个国家的故事终究是要讲一个国家的人的故事，讲故事的手段有很多，只要能将想要传达的东西传播出去，除了官方、主流的手段，还应尝试那些非官方、非主流的手段，如音乐、影视、电子游戏等文化产品。以动漫为代表的"日流"，以流行音乐等为代表的"韩流"，本身就是一种文化的输出，他们的文化产品很成功地把他们的文化、价值观渗透到了别国的文化和价值观中。我们不得不承认，以听觉为主导的音乐、以视觉为主导的影视剧以及视听结合的电子游戏在文化传播方面的效率要更高。而且,"艺术来源于生活",相比较而言,这些文化产品更能够体现出一个国家、一个民族的文化积淀,也更容易为外人所接受。

(三)游戏产业对于未来年轻人就业的意义

根据 LinkedIn（领英）全球职场社交平台提供的数据,2015 年中国只有 3 万余名游戏从业者,仅占全球数量的 4.6%,且主要分布在北上广深等大城市。但到了 2019 年,伽马数据发布的《中国游戏人才教育培训行业分析与发展趋势研究报告》中统计,中国游戏从业者已经达到 145 万人,这已经形成了爆发式增长的趋势[4]。游戏产业从业人数剧增的一个重要原因就是游戏公司如雨后春笋般在中国出现,它们相互之间也形成了竞争关系,就如同游戏产业巨头腾讯和网易一样,这也意味着计算机、信息工程、艺术甚至传播学等专业的人才,特别是对新事物接受能力更强的年轻群体有了更多的就业机会。在当今中国工厂普遍实现机械化生产取代劳动力生产而导致部分行业就业紧张且高学历人群不断扩大的背景下,游戏产业能否提供更多的就业岗位非常值得学界和业界关注。

(四)游戏产业对计算机和计算机服务产业的支撑作用

除了就业,电子游戏还带动了计算机技术产业的革新与发展。个人电脑（PC）作为一个重要的生活工具,玩游戏只是其中一个微不足道的功能罢了。但是目前计算机硬件的飞速升级与更新换代,与电子游戏有着千丝万缕的联系:为了能够更流畅地运行高画质的游戏,越来越多的玩家选择购买硬件配置更为强大的计算机,这让显卡（GPU）这一基础硬件不同以往的价格一跃成为仅次于中央处理器（CPU）的重要电脑硬件,它甚至成为衡量一台个人电脑性能的标准,这种标准甚至衍生到了工作电脑的领域。

五、关于中国游戏产业发展的一些建议

电子游戏之所以不易为学术界和官方所承认,主要原因可能是电子游

戏的负面新闻太多。确实，游戏产业甚至电子游戏这个研究主体至今依然存在很多争议和问题，它们亟须被定性和解决，否则都将成为中国游戏产业发展道路上的绊脚石。

（一）游戏产业亟须建立完整的法律体系和管理机制

中国的游戏产业想要有长足的发展，就必须先建立一套完善的版权保护法律体系和完整的管理机制。因为版权关系到游戏创作者的直接盈利，盗版刻录的出现曾经让中国的音乐产业和电子游戏产业遭受巨大打击，尤其是工时更长、耗资更大的游戏产业，大量优质的电子游戏制作者和从业人员放弃这条发展道路，直接让本该在国际游戏文化舞台上大放异彩的中国错失了2000—2010年世界电子游戏蓬勃发展的重要阶段。如今，游戏公司和游戏从业人员的剧增又让游戏市场的管理变得十分迫切，如何建立一套适合电子游戏这一媒介产品在中国健康发展的管理体制，这需要游戏相关领域的学者为电子游戏作出研究和定性。

（二）要重视电子游戏在文化传播和国际传播中的积极作用

上文已提到电子游戏在文化传播和国际传播中的诸多表现，这里不再赘述。美国和日本两个电子游戏超级大国以电子游戏为媒介，对中国进行了长达20多年的文化输出，并一点一点地影响了中国"90后""00后"及以后年轻人的思想。如今，中国计算机和网络技术发展日趋成熟甚至在有些方面已超过发达国家，如何在电子游戏领域拿回文化传播的主动权，值得政府以及行业管理者深刻思考。

（三）游戏的管理急需一套适合中国国情的分级制度

未成年人受众一直以来都是电子游戏甚至各类娱乐文化产品行业的敏感地带，尤其是电子游戏，更被许多社会人士称为"电子鸦片"。不能否认的是，电子游戏对处于青春叛逆期和学习阶段的青少年学生是一把双刃剑，适当的游戏娱乐虽然能够锻炼孩子的思维、有利于身心健康，但是一旦玩游戏成瘾，则可能进一步发展为引发个人心理疾病、家庭矛盾问题的诱因，而社会对这类与游戏相关的负面事件的反馈则会引发民众对电子游戏的反感和抵制，是不利于游戏产业的长久稳步发展的。所以，中国对游戏产业的管理也需要一套符合中国国情的游戏分级制度，按照受众年龄段制定相应的门槛。目前中国一些网络游戏坚持实名制，有的已经实行了十多年并在不断完善，这也为游戏管理制度的健全提供了参照。

（四）游戏产业急需创新型人才

根据《中国游戏人才教育培训行业分析与发展趋势研究报告》的统计，2018年中国游戏从业者中游戏策划类的从业者人数最少，仅占总从业者的11.4%，平均薪酬也低于游戏开发类、游戏运营类从业者[5]。缺乏创新型人才依旧是中国游戏产业面临的严峻难题：创新型人才的缺失导致创新型产品难以产生、产品同质化加重、用户审美疲劳等一连串连锁反应，严重影响到游戏产业的良性发展。在目前游戏公司林立、商业竞争激烈的环境下，如何利用过去游戏从业者的经验，培养出符合时代需要的创新型人才也是中国游戏产业需要重视的问题。

参考文献

[1] 文旅部：《网络游戏管理暂行办法》废止[EB/OL].（2019–08–21）[2020–06–30]. http://game.people.com.cn/n1/2019/0821/c40130-31307591.html.

[2] 2019年第四季和全年腾讯财务报告及简要数据[EB/OL].（2020–03–18）[2020–12–10]. https://tech.sina.com.cn/roll/2020-03-18/doc-iimxyqwa1519552.shtml.

[3] 2020年第一季度中国游戏产业报告[EB/OL]. [2020–12–10]. https://wenku.baidu.com/view/f50c08302179168884868762caaedd3383c4b5ae.html.

[4] 领英游戏行业人才报告：中国游戏运营人数占比全球第一[EB/OL].（2019–01–01）[2020–12–20]. https://zhuanlan.zhihu.com/p/78003695.

[5] 伽马与完美世界教育联合发布人才教育培训行业分析与发展报告[EB/OL].（2019–01–23）[2020–12–10]. https://news.iresearch.cn/yx/2019/01/282801.shtml.

小说电视剧化与小说动漫化的比较分析

范明坤

（北京印刷学院）

【摘　要】 网络小说的流行使网络小说本身成为一个潜力无限 IP，超人气小说被改编成影视作品和动漫，在获得经济利益的同时也赢得了原著读者的口碑。本文着重分析比较网络小说影视剧化与网络小说动漫化的优势和劣势，探寻网络小说在影视剧化、动漫化过程中所面临的问题和成功的必要因素。

【关键词】 改编；网络小说；电视剧；动漫；IP

一、引言

将同一部小说作品改编成电视剧和改编成动漫，是截然不同的两种表现形式。电视剧更加真实，代入感更加强烈；动漫作品更加梦幻，具有浪漫主义色彩。小说、电视剧、动漫的受众很大程度上是重合的，但电视剧受众与动漫受众的关注点又有所不同。这是由电视剧和动漫本身的特点所决定的，本文以热门作品为例着重对比分析小说作品电视剧化与小说作品动漫化过程中的异同和特点，探寻电视剧化与动漫化迅猛发展的原因。

二、电视剧化的原因

（一）丰富电视剧的题材

影视剧市场的不断发展，给电视剧的创作提供了无限的可能和支持。但是我们看到近年来电视剧创作也遇到了瓶颈，最主要的则是体现在内容创作上。谍战剧、宫斗剧、抗战剧、青春校园剧在刚出现的时候让人耳目一新，但是扎堆跟拍难免让观众产生千篇一律之感，加之不少剧集在内容情节上不够严谨甚至不尊重史实，难以吸引观众追剧，收视率的下降必然导致收益的下降。如何创作高质量且低同质化影视作品成了电视剧内容创作的一个极大挑战。小说的故事和类型更加丰富，四大名著、金古武侠的电视剧改编成功也证明了这是一条走得通的大道。但是网络小说的改编与名著、经典的改编还有所不同，网络小说的世界观更加宏大，主线支线剧情错综复杂，篇幅更长，受众群体更加多样，对作者、作品的黏合度更高，读者期待自己喜爱的作品能够影视化，网络小说的影视化将大大丰富电视剧的题材和种类。

（二）1+1＞2

大神级网络小说作品具有庞大的读者基础，超过数千万甚至上亿的点击率，这些超人气作品和作者本身就是一种品牌效应。广泛的读者基础无形中降低了投资拍摄的风险。小说改编的电视剧作品播出后，大量原著读者的追捧必然会增加作品的热度，吸引更多潜在的电视剧受众。原著读者和电视剧粉丝的结合，所产生的效果不是量的简单相加，而是相互转化和扩大的质变。小说的口碑基础和电视剧宣发热度的相辅相成，造就了线上线下共同关注的热点，让一段时间内对作品的观看和讨论变成潮流。这样经济利益和社会效益都得到了实现。就《秦时明月》而言，其电视剧化还在其动漫化之后，可以说是动漫化的巨大成功使电视剧化变得更加迫切，更是借由动漫化的广大受众，轻易地打开了市场。

三、电视剧化的优势

与小说相比较,电视剧可供搭载的平台更加广泛,电视、网络都是其推广的便利途径。电视剧的受众群体与小说相比庞大得多,人们更加喜欢直观的画面而不是文字,声画合一的表现方式,使剧情表现得更加直观,把存在于想象中的人物具体化地呈现出来,实现了读者与角色面对面的梦想,视听化的剧情表现形式更具有切身的参与感。

电视剧产业已成为我国优势产业,单从数量上看我国是电视剧第一生产大国,国家相关政策对于电视剧的生产还是比较优惠的。从我国人民的家庭娱乐结构来看,在黄金档和周末观看电视剧,是广泛存在的娱乐方式。与国外成熟的季播剧形式相比,我国电视剧产业的发展潜力还很大。

四、电视剧化的劣势

与原创剧本的电视剧相比,小说改编的电视剧有潜在的原著读者受众,这是它的一大优势,但这也是它的一大劣势,小说读者更加注重角色的还原度,特别是男女主角的样貌,一千个人看《红楼梦》,就有一千个林妹妹。确实如此,当小说还是文字的时候,大家可以按照自己对美的定义去想象主人公的样貌,但是一旦影视化、立体化,恐怕真的是众口难调了。虽然如此,众口难调却不能成为不去调众口的理由,因为影视工作人员就是做这个事情的,他们的工作可以不是让所有人满意,但必须让尽可能多的人满意,否则即为失职,浪费投资者的资本,浪费观众的时间。还有一个现实,由于电视剧产业的高度商业化、娱乐化,对小说进行改编是必然的,篇幅较长、剧情过于复杂的作品难以得到受众和投资方的青睐,即便敲定拍摄,还涉及投资多少、演员阵容、相关政策等多方面掣肘,不能百分之百地还原小说的剧情和人物刻画。

五、电视剧化成功的必要条件

（一）选择合适的演员

电视剧角色的成功与否有两个关键因素：一是还原度，二是演员对角色有特点的诠释。虽然说一千个读者眼中有一千个哈姆雷特，但读者对于人物的总体印象是大体一致的。一部小说的成功，必然离不开成功的人物刻画，甚至部分小说作品的成功很大程度上是由于某个角色深入人心，因此在电视剧角色的选择上就尤为重要了。电视剧绝大部分是以营利为目的拍摄的，在角色选择上会更加商业化，而降低还原度，如果没有充分考虑和尊重原著读者的意见，那么小说粉丝的流失是必然的。

（二）剧本的改编

电视剧的故事性继承了小说的叙事传统，但是电视剧的表现形式与小说又是不同的，并非简单的演绎和还原，将文字语言转化成电视语言。改编的过程是一个能动的过程，文学作品是一个时代、一种社会现象甚至一种社会思潮的反映。改编的过程要忠于原著，取其精华，不改变原著的风格、语言和人物的性格特征，保证剧情的完整性和识别度。小说的叙述形式决定了场景、人物服饰、面部表情等细节是比较模糊的，但在电视剧中这些都是必须补足的，既要符合原著，又要从无到有地补足这些确实的细节，具体到剧本中包括演员的动作设计、站位，镜头分镜调度、远近景别的切换，等等。《秦时明月》在电视剧剧本创作时，玄机科技已经推出了《秦时明月》的多部漫改作品，并产生了一定的影响，在人物形象和剧情设置上大量借鉴了动漫作品，就整体风格而言，依旧是玄幻、历史穿插着爱情的故事。在服化装饰、语言风格上符合现代人的审美，而具体到始皇帝、李斯、蒙恬等在历史中留下浓墨重彩的历史人物就比较考究了，皆符合其身份地位，在涉及墨家、兵家、阴阳家等百家剧情时着重表达了他们主张的思想。虽然在细节上也出现了一些错漏，但是时代的沉浸感还是很强的，让观众有一种自然的代入感。

当然，电视剧中所涉及的角色并没有动漫或小说中那么多，所以也做了一定的改变。有的人物改编引起了较大争议，也造成与动漫截然不同的剧情走向，这也成了该剧口碑两极化的重要原因。

（三）成本的控制

电视剧的拍摄成本无疑是巨大的，虽然在近些年网络剧兴起，其发行的成本有所下降，但是在角色、道具、布景、服化、特效等方面的成本是无法省略的。一个好的 IP 为了更好地吸引小说受众，会在人物的还原度和场景布置上最大限度地还原小说的描述。优秀的演员阵容和导演团队的成本无疑是昂贵的，但这种昂贵的成本是必要的，演员的职业素养和导演编剧的专业性是一部作品成功的重要保证。

电视剧版《秦时明月》借鉴了大量动画版中的设计元素，这种借鉴可以省去大量的原创时间，也更容易获得动漫粉丝的好感，虽然大量使用了动漫中的设计元素，却也是以秦代服饰特点为指导的。造型师通过对有限的秦代史料和相关记载的分析研究，对主要人物的袍、裙、冠、饰进行了细致的设计，同一角色在不同剧情时期的穿着也会随之变化。

与小说和动漫相比，电视剧无疑更加具有真实性，但这种真实性也可能成为一种弊端。就《秦时明月》这部作品而言，在小说中我们可以凭借自己的想象力创造出我们心目中独一无二的百步飞剑。由于其动漫化在影视剧化之前，动漫中所描述的百步飞剑已经深深烙印在受众的心目中，在电视剧中的特效和道具上的费用就无法省略了。粗制滥造的特效则会严重降低作品的口碑，丧失大量潜在的受众。

（四）网络小说改编影视剧的发展趋势

电视剧制作方应该让小说原著的作者参与到电视剧剧本的创作中来，小说所讲的不仅仅是一个故事，还渗透着作者想要表达的情感和思想，如果没有作者参与改编，作品就失掉了它的灵魂。网络小说的影视化要取得长足发展，就不能只体现在剧情和人物名字的共通性上，有限度地对剧情和世界观的改编虽然降低了拍摄成本，但是也失去了大量原著受众，如何平衡剧情还原度和成本就十分重要了。大量超人气小说的影视版权被收购，让广大小说作者、写手看到了成功的可能性，从而更加努力地创作出读者喜爱的优秀作品，平台也更加重视对作者的培养和作品的推送。与此同时，广大小说作者也应该培养法律维权意识，规范对版权的交易，降低平台或制作方侵占版权的可能性，推动国家相关法律的出台，并积极运用法律维护自身的合法权益，严惩盗版和侵权。

但是，盲目的小说影视剧化并不可取。在网文界非常成功的作品，其电视剧版有可能口碑惨淡，这是由多方面因素造成的，如在剧情设定上缺乏考虑，视觉特效粗制滥造，并没有将原著读者心目中的剧情呈现出来，在丧失原著读者受众之后，电视剧版的失败就是注定的了，甚至呈现效果不如小制作的网剧。

六、动漫化的原因

现代网络小说的开放性和互动性是之前时代所不具备的。小说中逻辑严密的剧情、性格鲜明的人物以及丰富的文化底蕴都是动漫创作的现成素材，动漫与小说最大的相通之处是开放性。无论是武侠、仙侠还是奇幻，都可以通过动漫塑造出来。在人物形象塑造和场景塑造方面，动漫具有无可比拟的优势，动作捕捉技术和 3D 绘图的结合可以赋予角色更加符合主流审美的面貌和更加真实而具有细节的面部表情，通过特效的加持，无瑕化的角色和打斗动作可以呈现出比电影电视更加宏大绚丽的视觉效果。

与电影电视剧相比，动漫的制作周期更短，宣发成本更低，制作画面更加精良，同时可选择网络平台和电视连载播放的形式。《秦时明月之百步飞剑》最早在电视平台播出，吸引了大量青少年受众，之后的《秦时明月之沧海横流》将网络平台作为首播选择，受众群体进一步扩大，扩大了影响力。

七、动漫化的优势

（一）中国元素

动漫版《秦时明月》的中国元素，不是流于造型和对话的表面，而是在尊重历史的基础上，将历史典故、百家源流融入故事中，是潜移默化、不刻意的，没有幼稚和生涩的感觉，并在人物和剧情上完美还原原著。由于动漫篇幅更长的原因，也给了制作者们更长的时间，使这部动漫积累了更深的底蕴。其中很多细节都是中国传统文化的体现，这种通过剧情表现中国元素的方式更加自然，不会给人以刻意说教之感。另外不得不说的是，动漫版《秦时明月》中的音乐歌曲很精致，主题曲《月光》在唱出了侠骨柔情和金戈铁马的同时，也唱出了家国乱世的离落之思。

这些中国元素不仅体现在对传统的传承，还有许多创新。其中墨家制造的白虎、朱雀、青龙等机关兽，可以说是古代版本的战斗机甲，钢铁的碰撞与搏杀足以征服每一个男性受众。甚至还有《赛博朋克 2077》[1]中那种古代黑科技版的机械义肢，这种看似荒诞的狂想，其中寄托的是对消逝于历史中墨家机关术的憧憬之情。隐匿于苍山流水中的机关城更是让人们神往，水力和齿轮为机关城提供了无限的动力，建造于悬崖峭壁之上的栈道，使人造物与自然风景相得益彰。

（二）侠义精神

金庸先生在他的作品中描述——侠之大者，为国为民。在《秦时明月》中，无论是一诺千金、护卫故人之子千万里的盖聂，抑或是为变法强韩刺杀姬无夜的卫庄，以及为了爱人甘化赤练的韩公主都是侠的缩影。他们是

---

[1]《赛博朋克 2077》是一款动作角色类游戏，背景为 2077 年夜之城，人类的大部分躯体可以由机械义体代替的高科技世界。

时代的缩影，也是自己道路的践行者。证道的过程是艰难的，在家和国、道与情之间必须作出取舍。盖聂舍弃了"天下第一剑客"的名利是为信；卫庄化身流沙调查韩非之死是为义。虽然盖聂和卫庄在学说上一纵一横，在剑术和理念上也是对立的，但他们在侠之一字上是惺惺相惜的。

八、动漫化的劣势

（一）动漫故事结构松散混乱

一部好的作品应该脉络清晰，有头有尾，所有情节紧密联系而不错乱，牵一发而动全身，顺其自然地推动剧情，应是"既在情理之中，又出乎意料"。

但是，有的动漫作品时间跨度长达数十年，加之多主角、多故事线的叙述方式使总体连接过于松散，很多情节之间没有必然联系，背景太过宏大使得整部动漫有些混乱。有的剧情以主角的经历将主线剧情串联起来，但又想补足其他配角的背景故事，并将背景在时间线上理顺，这样充实的剧情固然很精彩，但是考虑到季播的性质，会让人产生疲倦之感。

（二）人物脸谱化和故事简单化

3D动画的制作是一个系统工程，大致需要建模、绑定、动画、渲染、合成、剪辑这六个过程，因时长、渲染质量和公司规模的不同，这一过程的时间也不确定，短则几周，长则十几个月。《秦时明月》中登场人物数量众多，叙事方式为多线进行，且诸多故事线又有所关联，在人物建模上脸谱化有利于观众理清阵营和故事线，这种脸谱化的设定在《秦时明月》中十分普遍。

故事简单化是大部分动漫都存在的问题。动漫受篇幅和制作成本的影响，以及主角主线叙事的限制，普遍采用二元对立的叙事方式，黑白分明，对错清晰，主角永远是推动剧情走向的决定力量，而极易忽略剧情中的社会背景。只要主角战胜了反派，似乎一切问题都会解决，这是大部分动漫制作的基本理念。这就让动漫故事的简单化成了一种行业趋势。《秦时明月》的武侠动漫也是简单化的，虽然故事置于秦末社会矛盾众多、农民起义不断的大时代背景下，但是一人、一事或一家学派的纷争都不足以表现出"侠之大者，为国为民"的家国情怀，简单地将击败某个人作为结束秦帝国统治的决胜因素显然是将故事简单化了。

（三）季播质量差异大

动漫因为每集时长有限且篇幅较长，多采用季播制，因此，制作质量存在较大差异。《秦时明月》前两部与其后两部相比在配音上有较大出入，但画面质量则是后者更胜于前。

另一部由小说改编的动漫《从前有座灵剑山》，第一季由中国工作室制作，画风、人物语言、剧情符合国人的喜好，由于第一季好评如潮，第二季如期推出。但是，第二季由日本工作室制作，画风大变，人物普遍撞脸，细节缺失，人气大幅下降。

（四）更新周期过长

与电视剧相比，动漫的开发周期更长，投入也更巨大。第一部《秦时明月之百步飞剑》首播于2007年春节期间，而第六部《秦时明月之沧海横流》于2020年开始更新，六部跨度长达13年。漫长的更新周期让《秦时明月》与众多其他热门作品一样成为有生之年系列。

九、动漫化成功的必要条件

动漫化的过程也就是把中国文化推向世界的过程，即展示中国文化的精髓，引领潮流。至于中国传统文化精髓是什么，如何将这些传统文化的精髓与现代的动漫作品相融合，这是国产动漫创作者必须思考和研究的问题。上文中提到了动漫作品的剧情衔接问题，其实这个问题也很好解决。安排剧情可以说是网络游戏的拿手好戏，如果能够和大型的游戏开发公司合作，剧情问题也就不是问题了。而且，国产动漫工作室在经历了漫长的为日本动漫代工时期之后，剧情设置和绘画风格都有了很大的提升，已经具备了独立制作优秀动画作品的能力。从 2016 年起，国产动漫在国内大受好评的同时也开始向海外输出，其中《一人之下》《灵域》《秦时明月》《从前有座灵剑山》等作品的日配版在日本也受到了很高的关注。

参考文献

[1] 薛莹. 网络小说大闹荧屏[N]. 民主与法制时报，2010-10-11（D02）.

[2] 武文颖，蒋璐. 符号互动论视域下的中国网络小说跨文化传播[J]. 对外传播，2018（10）：32–34.

[3] 温世仁. 秦时明月[M]. 台北：明日工作室，2005.

[4] 朱光潜. 谈文学[M]. 桂林：广西师范大学出版社，2004.

[5] 伍思斯. 武侠动画《秦时明月》中的侠女形象研究[D]. 长沙：湖南师范大学，2019.

智能语音技术的发展对未来新闻业的影响探究
——以智能音箱为例

何 婷

（北京印刷学院）

【摘　要】智能音箱等新型媒介颠覆了传统的新闻生产传播模式，音频正成为媒体融合中不可或缺的一环，并且正深度融入媒体原有采编流程。媒介是人的延伸，语音交互技术和人工智能的进步无疑创造了媒体与用户接触的更多场景。在人工智能与新闻传播的深度融合过程中，声控智媒有望成为一个新的突破点和增长点，智能语音技术的发展给未来新闻业带来了机遇与挑战。本文通过研究以人工智能技术为支撑的智能音箱的发展和趋势，探析未来新闻媒体在智能语音技术方面的发展新路径。

【关键词】人工智能；智能音箱；新闻媒体

彭兰曾指出，未来的传播形式将摆脱传统的传授模式，互动式界面的出现将赋予用户更多的视听选择。语音界面的出现降低了用户的使用门槛，扩大了受众群体，平民化的信息呈现使交互更具亲和力。智能音箱是一款人工智能产品，它将智能语音交互技术植入传统音箱中。用户可以用语音与智能音箱交流来调控各种智能家居设备、播放音乐和天气预报、设定闹钟、叫车、发邮件、订外卖、进行网购下单等。智能音箱在不同场景下以解放人们的双手和眼睛带来了人与人、人与物、物与物的全新交互模式。

在智能音箱发展的过程中，人工智能技术的进步和突破功不可没。近年来，随着大数据的兴起、各种深度学习算法的流行，人工智能也取得了长足的进步，特别是与智能音箱相关的语音识别与语义识别技术。亚马逊公司推出的第一款智能音箱 Echo 的一大亮点就是搭载了智能语音助手 Alexa。除了国外的亚马逊、谷歌、苹果这些科技巨头先后进入智能音箱市场，国内智能音箱市场在 2017 年也迎来了高速增长，其中阿里巴巴、京东、小米、百度等互联网厂商都在这一年推出了智能音箱产品，各方的目标都是为了抢占智能音箱流量入口，打造智能家居新生态。

人工智能对社会各个领域产生了革命性的影响，智能语音逐渐成为人与智能设备互动交流的新界面，人机互动界面变成了简单自然的语音。以人工智能技术为内核的声控媒体近年来发展迅猛，已成为"新兴"智媒的代表，在美、英、德等国家获得了主流消费群体的青睐，其市场份额的增长率已超过同期的手机、平板电脑等"传统"智媒。

一、智能音箱的发展概况

2021 年全球智能音箱市场规模约为 130 亿美元，全年总出货量约为 1.9 亿台。由于目前亚马逊和谷歌暂未进军国内市场，这给了国产品牌更多的发展空间。美国拥有世界上最成熟的智能音箱市场，而中国是最有潜力的智能音箱新兴市场。

（一）国内外智能音箱的发展路径

2014 年 11 月，亚马逊（Amazon）发布了全球首款智能音箱——Echo。这是一种全新的操作方式，让用户通过自己的声音来控制音箱播放音乐。Echo 逐步借助亚马逊的语音助手 Alexa 开启了更广泛的管理任务，从播报天气、新闻、路况信息，甚至到订购物品及预约服务。而谷歌则是在两年后的 2016 年 11 月才推出了与之抗衡的 Google Home。谷歌借助其长期专注的自动语言翻译业务，快速进入了更多市场。截至 2018 年 10 月，谷歌已涉足 19 个国家的市场。苹果公司于 2018 年投入市场的 HomePod，搭载了语音智能助手 Siri，2021 年在 8 个市场有售。在亚洲，许多其他设备也很受欢迎，包括日本的 Line Clova，韩国的 SK Nugu、Naver Wave 和 KaKao Mini。

国内京东和科大讯飞联合研发的产品——叮咚，于 2015 年 8 月问世，如今该产品已发展至第二代。叮咚二代是国内首款配置屏幕的智能音箱。2017 年 7 月阿里巴巴发布智能语音助手音箱——天猫精灵，2018 年 3 月阿里巴巴推出了人机交互系统 AliGenie2.0，引入了视觉能力，能够进行视觉认知、多模态交互、情景感知。小米于 2017 年 7 月发布的人工智能音箱产品——小爱 AI 音箱，支持语音交互，功能内容包括播放音乐、提醒、闹钟、播出新闻、菜谱和笑话等，也可以用来控制小米电视、扫地机器人、空气净化器等。2017 年 11 月公开了虚拟语音助手的可视化形象，2018 年 3 月发布了小爱音箱 mini。

智能音箱依靠人工智能技术的驱动，获得了快速发展。根据《2017 智能语音助手用户调查报告》，与智能手机和平板电脑同样的发展阶段相比，智能音箱的增长速度更为迅猛。艾媒咨询发布的《2018—2019 中国智能音箱行业及产品竞争力评价分析报告》数据显示，2018 年上半年，中国智能音箱的销量达到 467 万台，销售额为 12.1 亿元，半年销量已大幅度超过 2017 年全年水平。本研究发现，智能音箱需要攻克的难关还有很多，普遍存在的问题有唤醒率欠佳、应答速度慢、准确率欠缺、发音不自然、物联水平低。但不难预料，智能音箱必将从多方面提升产品性能。

（二）智能音箱在社会中的使用情况

麦克卢汉曾言，媒介是人的延伸，广播延伸了我们的听觉。万物互联时代，注意力已然成为稀缺资源，时间挤压空间，越来越多的人成为"容器人"。广播语音作为解放人的视觉的声音媒介形式而存在，必然有其发展前景。

相关研究报告表明大部分用户对自己使用的智能音箱持满意态度，认为智能音箱方便有趣，具有社交性，对普通用户来说，使用智能音箱让他们在电视和其他屏幕设备上花费的时间越来越少。智能音箱的无屏化交互方式，实现了用户减少与屏幕接触的愿望。人们每天需要花费大量时间盯着屏幕或智能手机工作，他们常会被弹出的消息或悬浮的广告打断持续的注意力。语音设备则完全不同，没有屏幕意味着更少的干扰。在声音播放的当下，声音集中释放信息的过程，减少了被额外声音分散注意力的机会。

对于重度用户而言，智能音箱现在已经成为伴随他们入睡和醒来的新设备，逐步替代手机和广播。过度的科技化有时也并不全是益处，能够使现有的设备更加好用反而切中用户需求。语音输入被看作一个整理和简化生活的机会，这种方式使人机互动更为自然和直观。

由于操作简单和对精细运动技能的低要求，智能音箱在高龄人群和残疾人群中大受欢迎。一位从未掌握过电脑、智能手机和平板电视用法的老年受访者表示，在几天之内，他就学会了如何与亚马逊的 Echo 进行互动。对残疾人士而言，这种便捷不言自明，借助智能音箱，残疾人做某些事的效率将与常人无异。正如谷歌公司智能语音新闻产品负责人史蒂夫·麦克兰登所言，未来的世界，声控智能媒体将"无处不在"。

与此同时，用户欠佳的使用反馈也很多。例如，复杂指令的设置让消费者备感受挫，也使智能音箱的广泛使用大为受限。再如隐私担忧，人们担心在家里的谈话会受到第三方监听。还有不稳定的技术因素，某品牌的语音助手被投诉在没有指令的情况下发出令人毛骨悚然的笑声。

二、声音当道，新闻样态再发展

尽管智能语音技术得到了快速的发展和大力推广，但是在这些设备中进行的新闻消费远低于预期。路透社新闻研究所发布的报告指出，现有的新闻应用可能是智能音箱短板之一。该机构的调查显示用户并不满意智能音箱的新闻推送，46%的英国用户会定期听新闻推送，但只有1%将其列为智能音箱最有用的功能，而且很多用户抱怨节目太长并且操作太混乱。他们往往退而求其次使用如信息搜索等更具体的功能。

（一）智能音箱新闻内容存在的问题

臧国仁将新闻框架更加具象化，认为新闻框架可以分为高、中、低三个层次，最高层次的结构是对新闻事件的定性及新闻在事实选择方面的判断依据；中层次则是事件情节的选择、文本结构、事件归因、结果分析等；低层次则是新闻语言风格、叙事方式等。结合框架理论与技术接受模型，目前智能音箱新闻内容存在的问题主要是新闻自动化低、内容形式单一、内容专业化程度低等。

智能音箱所能提供的新闻产品包括新闻简报、电台广播、互动问答与交互式体验。通过路透社新闻研究所的报告，发现问题很大程度上是在内容本身：①推送的新闻过时，它们并不是"最新"。新闻和体育资讯有时已经过时了几个小时或几天。②合成语音晦涩难懂，一些媒体仍然使用合成的声音（直接从文本转换到语音），这些内容一般是从广播或者印刷品中转制而来的，显得死气沉沉，没有活力。机器无法取代新闻报道中所引用的人声，人类的声音不仅是通过语言，还通过音调和音色传达信息。③新闻简报太冗长，新闻内容主要来自广播或报纸，它的语气和长度都不太适合智能语音设备。消息时间过长，典型的持续时间约为5分钟，但许多人想要的时间要短得多。④某些新闻消息的产品价值较低或音频质量较差。在不同内容提供者的消息同时发布的情况下，用户听到的内容往往是重复的。⑤有些新闻消息中有突兀的广告，没有机会跳过或选择新闻故事。

这一系列问题毁掉了用户们的体验。但最大的问题还是我们不知道我们想要什么。智能音箱与电台不同语音交互模式对浏览和节目收藏等操作很不友好。目前用户对智能音箱的使用仍局限于基础水平的"命令和控制"，如访问音乐、询问天气或设置计时器等任务。语音助手们擅长处理具体的问题,如"小爱同学,今天的天气如何?"现在市面上的智能音箱标签种类少,忽略了实际的交互习惯、检索效率,没有建立标签的层级关系。因为大部分用户更喜欢直接检索自己关注的热点新闻,如"天猫精灵,播放关于翟××的新闻",而不是"天猫精灵,播放娱乐新闻",然后逐条去听。

(二)"音频转向"趋势初现

当前,声音在新闻领域的作用确实被低估了。它正成为我们生活中的一部分。让用户选择不同的声音播送不同的新闻故事,来增进智能音箱的个人定制化。智能音箱的新闻功能也同样可以通过用户自身训练形成,在新闻信息呈现方式、新闻信息排序、新闻信息语音类型方面都可以由用户自行调节。许多用户并没有意识到智能音箱的新闻操作可以有更广泛的选择,包括怎样选择他们最喜爱的新闻供应平台、调取他们常听的播客。

智能语音媒体的广泛运用导致全球新闻传播出现了"音频转向",不仅为用户提供了全新的新闻消费体验,也推动了新闻内容生产的转型升级。从总体上看,目前基于智能语音媒体的新闻产品开发和消费尚处于起步阶段,现有的智能语音新闻产品服务依然存在种种不足,当下仍然是"视觉时代"。尽管如此,"音频转向"趋势已经初现,广播已经复兴,退烧的知识付费又再一次在音频领域挺立。目前,欧美各大新闻媒体都在围绕声控智媒调整内容方式和经营策略,开发智能语音的内容和服务成为媒体融合新的增长点。

三、智能音箱为媒体融合开启新路径

随着智能音箱走入千家万户,语音交互的信息获取方式越来越为人熟知,媒体转型迎来新契机。本研究通过对一些主要新闻媒体的采访发现,大多数公司仍处在围绕智能语音设备制定战略的阶段,一些公司则把它们叠加在现有的音频策略之上。新闻媒体正围绕智能语音技术尝试各种策略,广播电台通常比纸媒更积极主动。

（一）广播电视媒体

在早期的传播效果研究中，针对广播收听的"使用与满足"研究，研究者就发现人们收听广播最重要的一项就是参与广播答题。而在当下，尽管广播答题的电台少了，该节目不再风靡，但与智能语音媒体之间的"互动问答"总是人们购买和使用智能语音媒体的媒介使用想象。我们总是爱让 Siri 来段 Beatbox，问小爱同学一些日常生活的问题。

智能语音平台不仅是链接内容的关键入口，同时也是留住用户并继续听下去的重要一步。对广播公司来说，进入这个领域相对容易些，但内容可能会需要重新调整。更频繁、小篇幅、个性化的新闻内容会更适合语音设备用户的收听习惯。缩减冗长的内容，新闻时长最好不要超过 1 分钟。简单、清晰、快速的信息更为听众所喜爱。电视媒体会吸引大部分的使用量，因为它们可以在不增加太多额外成本的情况下提供定期的音频新闻更新，用户也已经信任这些电视媒体提供的音频新闻。对于广播公司来说，使它们的内容更易获取至关重要。据美国全国公共广播电台（NPR）报道，近 20%的在线广播收听来自智能语音设备，由此可见设备的重要性。广播公司可利用其基础设施和音频技术的优势，以更低成本撬动更多的用户收听新闻。

除此之外，广播新闻的制作方式以及内容的基调需要优化。新闻机构需要在不断试验中找到答案：像 NPR 一样尝试部分智能化、个性化是一条路子，高频向用户提供碎片化的会话内容也是个不错的方向。在短期内，回答特定专业领域的问题可能很有挑战性，但随着时间的推移，也可能带来巨大的价值。辅助性和互动性的体验都需要时间来沉淀。在这个问题上，英国广播公司（BBC）的经验告诉我们，实验是关键：从简单的交互开始，然后通过迭代原型来测试什么是有效的。

广播公司可以利用自身在基础设施和音频技术方面的优势快速占据智能音箱的新闻播报领域，但不得不面对的问题是，相较于其他类型的媒体，广播可能也是最快受到波及的。随着语音技术变革的全面展开,适配于智能语音播放端的内容调整日益重要。例如,瑞典电台(Swedish Radio)具有前瞻性地在智能音箱进驻瑞典前,重新思考了线性广播的可能性,成立了智能音频的制作团队,迅速占据了初期的收听者市场。BBC已经成立了一批新产品和创新团队,致力于新闻、广播和儿童音频节目等方面的工作,团队已经开发了一些内部原型来探索语音领域的可能性。例如,他们将一段与睡眠专家进行的45分钟电台采访进行切割,将其转换成了语音问答的内容。这已变成了亚马逊的一项技能,并在用户中进行了测试。

(二)传统纸媒

1. 传统媒体谨慎前行

传统媒体机构因缺乏投资创新的资源而受到阻碍,并且对向没有明确变现途径的平台提供内容持谨慎态度。在本地化语音体验投资问题上,阻碍是缺乏新闻使用和频率的良好数据。在创新方面,可以说报纸媒体能更好地摆脱一些传统模式。正如《纽约时报》所言,成功很可能来自"与众不同的经历",无论是大众还是小众产品,都需要适配消费者的使用场景。本地媒体可以考虑围绕事件、旅行、天气或新闻进行简短但有用的互动,全国性的媒体可以考虑拿下细分垂直领域并从中获利,或者利用这些设备的社交属性来创建活动或游戏。

在国外,基于报纸背景的出版商也已经开始围绕"声音"制定战略,对语音领域进行积极探索。美国的《华盛顿邮报》在探索将它的每日新闻翻译成音频;德国的《时代周报》在过去一年多的时间里每天都进行基于智能语音设备的简短新闻更新;《华尔街日报》在亚马逊和谷歌平台上都创建了新闻简报业务,并保持每天2~3次的内容更新;《经济学人》凭借多年以来在音频领域的探索,积攒了大量稳定的音频收听用户。

目前,国内媒体也在积极寻找自身发展路径。封面新闻是国内最早探索"媒体+AI"的媒体机构,也是第一批与天猫精灵合作的媒体之一。《沈阳晚报》《南方都市报》《都市快报》《华西都市报》先后上线与天猫精灵合作的"语音头条"内容。截至2019年4月，洛阳广电、《厦门日报》《长江日报》、成都广播、南京电台也已加入天猫精灵"语音头条"。

2. 强化智能音箱内容壁垒

有声平台和智能音箱拥有庞大的用户数以及优质的视听体验，与媒体有天然的合作基因。就像天猫精灵负责人所说，智能音箱的语音新闻与传统新闻主动阅读或搜索的获取方式不同，要基于用户自然的语音交互场景去切入。例如，对着天猫精灵说"来个论评嘟嘟南"，就可以收听到天猫精灵"语音头条"，由《南方都市报》提供的要闻点评，可以了解新闻每个整点发生的大小热点。

传统媒体利用语音交互技术重建用户连接，强化传统媒体本来资源和优势。《南方都市报》将在《南都音频早餐》的基础上进行更新迭代升级，在内容方面，沿用"AI+音频"的方式进行早餐新闻播报，在内容选取上紧扣用户需求。天猫精灵用户只需要发出"早上好""晚上好"等特殊语音指令，就可以听到一份由本地媒体提供的新闻简报。

品质保证是主流媒体的优势。主流媒体的音频内容也应一如既往地保持高水准品质，要确保主流媒体的影响力在高位运行。与天猫精灵达成合作后，《南方都市报》成立了专门的音频内容团队来运营《南都音频早餐》栏目，从内容选择、生产到最后的品质把控，全过程采取团队运营方式。整个音频内容生产流程与采编团队融合打通，选题、制作生产、品质把控环环相扣，"运营+主播"的形式构成该栏目的核心团队。

移动互联网时代，新闻简报这种源于广电媒体的新闻报道形式正在衍生出更多可能性。天猫精灵未来也将上线媒体合作开放平台，为本地媒体及机构合作伙伴提供平台工具，实现精准人群分层下的多栏目内容运营，并通过数据算法能力帮助优质内容更好地"走出去"，不断扩大媒体内容的覆盖面及影响力。喜马拉雅等平台也表示考虑与媒体合作深度定制音频节目。

四、总结

智媒时代，从人机协同到人机合一的展望，移动化、数据化、智能化已然大势所趋，智能语音设备的走红是必然，其所内含的新闻功能更应该着眼于场景化、交互式、细分化的运行模式，优化算法、深挖利用数据、打造需求场景，在推与拉的互动过程中满足用户即时体验。智能语音媒体是当下备受瞩目的新一代人工智能媒体，以语音控制、人机对话为主要特征，从而为新闻传媒业提供了全新的内容分发渠道，同时也影响了新闻生产与消费。正如 BBC 智能语音项目负责人穆库尔·德维尚德所言："我们预感智能语音设备将是一次颠覆性的技术变革，如同移动电话或互联网所导致的变革那样。"从这个意义上来说，智能语音技术的发展给未来新闻业带来的影响还值得我们进一步认识与发掘。

参考文献

[1] 彭兰. 智媒化：未来媒体浪潮——新媒体发展趋势报告（2016）[J]. 国际新闻界，2016（11）.

[2] 威尔伯·施拉姆，等. 传播学概论[M]. 北京：中国人民大学出版社，2010.

[3] 张建中. 声音作为下一个平台：智能语音新闻报道的创新与实践[J]. 现代传播（中国传媒大学学报），2018，40（1）：148–153.

[4] 史安斌，胡宇. 声控智媒与新闻传播：现状与前景[J]. 青年记者，2019（1）：77–80.

[5] 王颢毅. 基于人工智能技术的智能音箱发展现状与趋势探究[J]. 通讯世界，2018，25（12）：225–226.

[6] Nic Newman. The Future of Voice and the Implications for News[EB/OL]. [2020–12–30]. https:// reutersinstitute.politics.ox.ac.uk/sites/default/files/2018-11/Newman%20-%20Future%20of%20Voice%20FINAL_0. pdf.

解码《新京报》的"动新闻"

蒋 怡

（北京印刷学院）

【摘 要】近几年来，传统媒体对短视频内容呈现形式的运用愈加熟练。《新京报》作为早期开展媒体融合的实践队伍，通过新闻视频化的转向在新媒体领域中占得席位，其中《新京报》"动新闻"就是视频化新闻矩阵中的重要成果。本文通过多种研究方法，将《新京报》"动新闻"短视频作为研究对象，对《新京报》"动新闻"动画短视频从传播者、传播渠道等五个角度进行分析与总结。首先，在传播者方面，作为《新京报》孵化出的视频团队，在近些年的公共舆论场中的热点新闻中从未缺席。团队的协同合作，使"动新闻"在脚本、分镜、动捕、建模、配音等多个环节的整合中"诞生"出来。其次，在传播内容上，《新京报》"动新闻"对不同类型的新闻报道呈现出应有的专业化程度，如在社会新闻报道上兼具尺度和温度；在调查性报道上把握效力和效果；在突发性报道上合理利用网络素材；在科教类报道上传授知识也带去乐趣。再次，在传播渠道上，《新京报》"动新闻"利用自建平台与合作平台多渠道进行新闻发布，提高了传播效率、收获了潜在受众、提升了品牌影响力。最后，在传播对象与传播效果上，在新媒体环境下，《新京报》"动新闻"为受众提供了更多自主性与个性化的选择，这些特点为《新京报》"动新闻"的传播带来数量与质量上的双重口碑，使得《新京报》"动新闻"在部分排行榜单上收获了不俗的成绩。此外，针对《新京报》"动新闻"存在的一些问题，如过度依赖平台的建设、缺乏与受众的有效互动、内容制作上主观因素的介入会增加新闻失真的风险以及动画可视化传播带来的新闻伦理风险，笔者认为，《新京报》"动新闻"应该分析平台受众差异，合理描绘用户画像，把握受众心理，让内容更高效地抵达受众；坚守新闻专业主义，力求动画新闻客观真实；坚持正面宣传，推出优质新闻作品。

在视频新闻中，"动新闻"凭借短视频+动画的形式，以简洁、生动、现场感强的特点无疑成为新闻短视频领域内的特色产品之一，笔者希望通过对《新京报》"动新闻"传播要素的分析，给有意进军新闻短视频业务的媒体带去一些启示。

【关键词】短视频；《新京报》"动新闻"；"5W"理论

一、"动新闻"定义及发展历程

（一）"动新闻"定义

对于"动新闻"的定义，在2010年3月由张秀敏所发表的《"动新闻"现象剖析》文章中最早提及相关概念。她将"动新闻"定义为一种写实再现整个新闻事件的表达形式，其中手机、网络为主要的传播载体，根据新媒体的传播特点，融现场照片、情景设计、旁白、音效等多种元素为一体，以3D动画的叙事方式最大限度地还原新闻现场。

从技术驱动和叙事语态两个层面出发，学者们对"动新闻"还作出了以下阐释：学者李彪认为"动新闻"是在技术驱动下，媒体融合的必然产物；在《融合新闻虚拟化叙事的话语范式探析》中，刘先根等人认为"动新闻"与传统媒体叙事的个性化特征有所不同，形成了虚拟化叙事的全新话语范式。

对于"动新闻"概念的阐述，学界的定义不尽相同，综合国内学术研究来看,"动新闻"是借助 3D 动画技术模拟还原新闻现场,并通过短视频的模式发布在新媒体平台,可在网页端或移动端收看的作品形式。根据卡茨的"使用与满足"理论可以看出,"动新闻"以其特有的内容呈现形态,弥补了以往传统的视频新闻所缺少的对于受众全方位感官的调动,成为满足受众需求的必然产物。笔者认为,"动新闻"符合短视频"短""平""快"的特点,也增加了更为新鲜有趣的动画报道形式,成为在可视化传播生态下新闻生产的新形式之一。

(二)"动新闻"发展历程

从印刷时代所催生出的近代报刊开始,纸媒一直以来都以文字和图片作为固定内容的形式出现在大众面前,直到进入电子时代,高新技术的发明运用,使得信息的传播开始搭载不同的媒介载体以及赋予多样的内容呈现形式。了解"动新闻"的发展历程有利于我们进一步加深对新闻领域新业态框架的认识。

2010 年 10 月,上海易及文化传播有限公司推出了动画短视频《嫦娥二号探月卫星 3D 模拟展示》。在 2013 年 10 月由"复兴路上工作室"推出了中英文两个动画新闻短视频《领导人是怎样炼成的》,之后在 2015 年他们又推出了第二部动画短片。这是"动新闻"的"试水"表现,均收获了不俗成绩,得到了网民的热烈反响。伴随着技术的发展与运用,越来越多的媒体开始利用这样的新闻叙事形式,本文介绍的《新京报》"动新闻"就是典型案例。

(三)"动新闻"典型模式概况

1. 新华社模式

新华社对"动新闻"模式的运用发生在 2015 年习近平主席访美期间。新华社利用 2D 和 3D 动画形式介绍了此次外交活动背景,细节化的内容呈现以及幽默风趣的动画风格,使得受众在对信息的解码过程中,对于此次出访活动有了更为生动的理解。新华社"动新闻"的选题在一定程度上脱离了娱乐化的取向，但不足的是，新华社"动新闻"的制作人员与制作模式的局限性也使得它在时效性、作品数量上有待进一步提升。

2.《新京报》模式

《新京报》对"动新闻"模式的尝试始于 2014 年，耗时三周的时间制作了第一个动画新闻《如何成为广场舞绝顶高手》，在沿袭"动新闻"制作趣味化的表达风格之余，《新京报》在内容题材上开始向社会性新闻发力，推出了一些具有可视化、直观化的"动新闻"作品。

"不看一字而知天下事"作为《新京报》"动新闻"的口号，体现了《新京报》在媒介融合的进程中以"动新闻"作为"支点"撬动媒体转型"风向标"的决心。

二、《新京报》"动新闻"特色研究

1948 年，美国传播学者哈罗德·拉斯韦尔在《传播在社会中的结构与功能》一文中提出了大众传播过程的直线模式，即"5W"模式，具体指代传播过程中的五个基本要素：传播者、传播内容、传播渠道、传播对象及传播效果。这一模式最早将传播过程划分为五个环节和要素构成，也开创了传播学研究的五大领域。

它作为一种单向直线模式，虽然没有揭示人类社会传播的双向和互动性质，但对于"动新闻"的生产制作流程而言，其从内容素材的积累制作再到传播整个过程中更多需要依赖于传统媒介资源，因此新闻制作仍然具有单向传播模式的特点。本文通过"5W"模式对《新京报》"动新闻"的特色进行研究是贴合实际发展的。

（一）传播者：定义内容风向的"先行者"

1.选题：捕捉舆情热点，兼顾时代温度

以流量红利为标志的互联网"上半场"，在技术的革新之下，用户已经成了富足的资源，从而互联网"下半场"得以开启。在兼顾人文与科技赋能的互联网"下半场"中，传统媒介在文明传承和社会逻辑的洞察方面的优势成为这一发展阶段不可或缺的必要推动力量，甚至可以说是一种稀缺资源。

在媒体转型队伍中，《新京报》作为传统媒体中的"头部力量"代表之一，在"动新闻"的制作中秉持"技术逻辑+价值逻辑"的双重链条，内容选题更具新闻性、热点性，贴近公众议题，总体方向上以社会新闻为主，在一些重要社会新闻中都有涉足。

除了对热点时事动态发展的追踪，《新京报》"动新闻"对相关事件的重要节点也会进行回望总结。例如，在每年的12月13日，南京大屠杀死难者国家公祭日当天，《新京报》"动新闻"会通过整合珍贵历史影片、数据图表、手绘动画等不同的形式进行报道，在唤起受众回望历史、铭记历史的同时，也彰显了媒体的时代温度。

在严肃议题之下，"动新闻"特有的人物与现场的动画模拟在一定程度上无法得到施展，但是除去"硬新闻"的选题报道，《新京报》"动新闻"在微信平台上的整合推送中，子栏目里也会推出一些趣味性、科普类的内容，给了受众更多的自主性，并将寓教于乐的思想理念贯穿其中。

2. 脚本分镜编排：团队协作

"动新闻"在制作流程上步骤较为烦琐，可以分为脚本、分镜、动捕、建模、配音等多个环节。《新京报》"动新闻"在制作准备阶段，在对新闻稿写作的同时在头脑中搭建相应的分镜头脚本，这一部分由《新京报》"动新闻"团队全权负责，通过团队"脑洞大开"的头脑风暴，争取实现话题制造和"病毒式传播"。

在2019年7月与9月，《新京报》"动新闻"团队均发布过招聘信息，对招聘人员的需求大都集中在动画师、编导、项目策划等岗位。值得注意的是，招聘信息除了岗位信息的文案，"动新闻"团队也发挥自身优势制作了多个动画短视频介绍团队成员、团队工作流程等内容以吸引人眼球。

（二）传播内容：屏幕文化下的"内容为王"

1. 兼具尺度和温度的社会新闻

在网络时代，阅读取向逐渐从"书籍文化"转向"屏幕文化"，快餐式的阅读体验、碎片化的阅读内容都是技术催生下的产物，此类阅读方式的收效可能是微乎其微的。但是站在"技术中性论"的角度看，对工具的异化取决于主体的使用行为，《新京报》"动新闻"很好地利用了数字媒体技术，为我们在高速发展的时代"看"新闻提供了"沉浸式阅读"的可能。

"动新闻"类型主要集中在社会新闻领域，这一方面取决于受众的选择性机制；另一方面是由于"动新闻"本身在制作上对于事件场景的建构以及事态发展过程的可视化呈现，都可以通过 3D 建模技术、仿真技术来实现，以满足受众的新闻欲。

值得注意的是，社会新闻既有弘扬"正能量"的好人好事，也包含背离道德风尚的负面题材。从采集的样本数据中发现，《新京报》"动新闻"报道出来的社会新闻以反面典型警示教育案例居多，对于这类报道的处理，《新京报》"动新闻"在内容的生成上也极其注意对事件当事人的隐私保护以及对事件情节描述的尺度把控，并考虑受众观感，避免引发受众心理上的不适。

《新京报》"动新闻"在处理这些负面警示新闻时，谨守"铁肩担道义"的媒体责任，在真实与伦理之间找到了平衡点，《新京报》"动新闻"秉持"还原一切消失的新闻现场"的理念，应用 3D 技术还原事实真相，但这并不等于将事实画面展露无遗，而是点到为止，在方寸之间把握价值尺度，不超职业道德底线。

2. 把握效力和效果的调查性报道

调查性报道前期信息采集、资料整合的烦琐性导致这种新闻报道难度较大，而在新媒体环境下，短视频内容轻量、即拍即传的特点，优化了调查性报道的工作流程。但在报道完整度方面，短视频由于时长的限制也使得其在内容呈现度上存在一定的局限性。

《新京报》的《调查》版从2015年开始便已经运用视频化的方式去呈现调查所获得的基本事实。《调查》栏目中的后期调查组项目也与"动新闻"合作推出了许多暗访调查报道。例如，在调查菲律宾网络博彩公司时，发布了两篇报道揭露黑色产业链，提醒社会各界对此类非法活动擦亮眼睛，提升辨别能力。

碎片化的调查内容经过及时的连续报道能让受众高效地整合信息，形成对事件整体脉络的把握，为受众从认知层面到行为层面的转换留出必要的思考空间。

3. 借力网络内容的突发性报道

"动新闻"在突发性事件的报道中面临一个最显著的问题，那就是新闻的实效性，制作周期决定了以动画形式呈现的报道在第一轮推送中只能做到对内容元素的粗加工，未被揭露的事实细节所引起受众"合理想象"的结果多半取决于受众的媒介素养，这也是网络流言、虚假新闻、反转新闻频发的主要原因。

为了有效应对这一问题，《新京报》"动新闻"中的部分视频资料会从网络翻拍。例如，在某酒店坍塌事故中，有关事故现场周边环境的视频影像就是截取于网络。事故发生后，"动新闻"通过对网络视频的整理编辑，配以动画模拟的形式还原了酒店坍塌的一瞬间并附上图片、文字说明。粗加工后再报道，一方面回避了通过个人渠道发布的内容权威性较低的问题，另一方面也避免了直接转载可能导致的侵权问题。

这样的处理方式在报道初期是可取的，但随着事件的动态性发展，《新京报》"动新闻"也会相继推出系列报道。依旧以某酒店坍塌事故为例，随着搜救工作的开展到对坍塌原因的调查再到对相关人员的问责，《新京报》"动新闻"在此期间发布了一系列相关视频。

在突发性事件的报道中，及时回应受众关切是媒体履行"社会环境守望"职能的体现，《新京报》"动新闻"在突发性事件的报道中，既聚焦第一现场真实情况，又运用动画的形式使事实能够多角度、多元化表达，契合了受众的多元价值观，满足了受众的多元需求。

4. 传递乐趣与知识的科教类报道

利用动画形式进行科教类新闻的报道，能够在一定程度上规避传统媒体在专业词汇表述上欠通俗而导致读者出现误解的情况。

在新冠肺炎疫情中，由酒精消毒不当引发的安全事件受到人们关注。《新京报》"动新闻"在微博平台对酒精进行科普的相关报道先后发布了 5 条微博动态并配以视频，从酒精种类的选取、储存、正确使用方法、安全注意事项以及酒精着火后的自救方法五个层面进行了动画新闻的制作，通过动画和图解更直观和鲜明有效地对受众进行相关知识盲点的普及。

《新京报》"动新闻"科教类报道除了以上所提到的生活科普类，还涉及医学类、科技类、教育类等类型。丰富的报道内容，轻松愉悦的知识摄取使得长期处于边缘地位的科教类新闻在新的报道形式下重新焕发出生机。

（三）传播渠道：平台互通的多渠道发布

1. 借力微信全媒体矩阵

《新京报》的全媒体发展战略早在 2014 年就已经得到明确，在内容、生产流程及从业人员结构等多个方面作出了"革故鼎新"的战略布局。2015 年，《新京报》提出《新京报》+"和"+互联网"的理念，逐步在媒体融合发展的道路上开辟出属于自己的新天地。

2016 年，《新京报》媒体融合的势头进一步增强，在保持原有纸媒的新闻品质的同时，让移动端成为内容传播的主场。《新京报》所开创的微信全媒体矩阵中设有 30 个公众号，如"沸腾""剥洋葱 people""新京报评论"等多个具有代表性的公众号，其中"动新闻"也是传播矩阵中的核心内容之一。依托《新京报》全媒体平台中强大的粉丝基数，《新京报》"动新闻"

还在微博平台、官网设置有账号，微博"动新闻"巨大的用户流量也为《新京报》"动新闻"品牌影响力的扩张提供了坚实的基础。

2. 联合视频播出平台

《新京报》新媒体编辑颜颖颥曾在拜访优酷的视频编辑之后，发出了这样的感慨："在互联网时代，推广的重要性不亚于内容，有时甚至还要高于内容。"若干年前英国广播公司（BBC）曾做过一项调查发现，从YouTube上观看BBC视频的人数，竟然与去BBC官网上看视频的人数几乎持平，这个现象也提醒着众多内容生产商借助外界渠道进行内容分发不失为一个可尝试的途径，事实证明BBC与YouTube达成合作后在该视频网站上设立的BBC视频专区取得了巨大的成功。

《新京报》"动新闻"在多个第三方平台上均开设了"动新闻"账号，如爱奇艺、腾讯、今日头条等（表1）。与其单打独斗地自己摸索，不如凭借内容优势"借船出海"，这样的战略布局使得"动新闻"的传播渠道得到进一步的拓展，平台之间的内容互通、用户资源共享也使得"动新闻"收获了更多的潜在受众，进而提升了《新京报》的品牌影响力。

表1 《新京报》"动新闻"在不同流量平台数据比较

流量平台	简介	概况
腾讯		订阅：25.1万 播放量：46.8亿
爱奇艺		粉丝：88.9万 获赞：164万

续表

流量平台	简介	概况
今日头条	新京报动新闻 1.4万　3　201万　315万 动 ◎ 认证：新京报新闻官方账号 简介：移动端新闻动画视频专家	视频：1.4 万 粉丝：201 万

注：以上数据统计结果截至 2020 年 3 月 26 日 22 时。

（四）传播对象："因众制宜"的分发思维

1. 化被动为主动

与以往作为被动的信息接收者的受众不同，新媒体环境下受众的自主选择性增强，这也使得"用户至上"成为新媒体时代的指导思想之一，"因众制宜"地进行新闻生产成为传统媒体在转型发展过程中取得胜利的重要法宝。

目前，《新京报》"动新闻"的主要栏目有《3D 动画》《调查》《长话短说》《强词夺理》等。栏目版块依据内容核心要素的划分给用户在纷繁复杂的网络信息中带来更为轻量化的信息接收体验，用户可以根据自己的兴趣点有选择性地观看推送的视频新闻，在接收到与自身及周边环境存在接近性、重要性较高的内容时，受传者们作为人际传播中的中坚力量也可以通过平台的社交化功能将信息进行二次传播。

2. 化共性为个性

新媒体时代的信息传播针对的受众从"群体"逐渐向"个体"发生转变，这样的转变对于新闻媒体的内容制作、内容发布方面有了新的要求，需要新闻媒体根据用户偏好在不同程度上满足受众的个性化需求。对于用户而言，合理地进行内容浏览，为媒体算法提供正向的数据资源，可以获得更好的用户体验。

《新京报》"动新闻"通过模拟新闻发生发展的过程，借助多种视听元素调动受众感官，满足其好奇心和新闻欲，让受众产生身临其境的"在场感"。同时，动画短视频简明扼要的报道也符合当下受众碎片化阅读的习惯，视频单片时长范围也适应了受众的个性化需求。

（五）传播效果："高效量产"的内容生成

《新京报》"动新闻"最大的特点在于将"动新闻"当成产品来经营，成为固定化、栏目化的内容产出。在制作数量上，《新京报》"动新闻"是目前国内制作"动新闻"较"高产"的媒体，从合作平台腾讯来看，《新京报》"动新闻"企鹅号上传数量截至2020年3月26日已经达到1.6万条，数据仅为官方选择性上传的视频数量，实际制作数量远不止于此。"动新闻"的背后，是《新京报》强大的新闻生产能力：2020年平均每天能生成330条原创新闻内容链接。生产能力又依赖技术支持，从最开始第一次使用动画的形式产出第一条报道花费三周时间，再到从制作到完成整个新闻作品仅花费了四个小时……《新京报》"动新闻"团队在3D动画新闻制作时间上不断突破纪录。

时任动画新闻内容总监祝炳锟表示："懂技术的不懂新闻，懂新闻的不懂动画，懂动画也懂技术的没有我们这么有创意。"《新京报》"动新闻"整合视频技术、动画技术、新闻素养和创意，为"动新闻"的传播收获了显著的传播效果。2018年，《新京报》"动新闻"曾登上短视频影响力第三方榜单总共143次，夺得前三名的次数达20次之多。

《新京报》"动新闻"作为全国首家以动漫形式还原新闻现场的短视频生产者，2020年以每天10条以上的新闻产量、每周1亿左右的全网流量，保持着业界领先的骄人传播力。

三、《新京报》"动新闻"报道存在的问题与优化建议

（一）《新京报》"动新闻"报道存在的问题

1. 依赖平台，缺少互动"桥梁"

报业遭遇"寒冬"，让不少传统媒体一头扎进融合发展的"快车道"中，

但对于发展的形式少数媒体还停留在渠道的扩张上，网页、客户端、微信微博账号已成为媒体抢占媒介市场的标配，但在借力不同的分发渠道使内容进入受众视野时，暴露出传统媒体对于网络平台的依赖，分散的用户群不利于构建"社群粉丝"规模。

为适应视频化发展的媒介趋势，《新京报》"动新闻"将社交媒体作为主流传播阵地，《新京报》"报、网、端、微、抖音、快手"等全网渠道2020年网络覆盖人数逾 1.1 亿人次。虽然粉丝数量可观，但由于粉丝分布散而广，要想用户向自身平台发生流动，增强自身平台在主流媒介场中的影响力，依旧是一道"考题"。《新京报》在上线新版 App 之际也提出全员向客户端转型的决策。

广泛的平台布局带来的用户流量，使得平台之间的用户浏览量差距较大且平台与用户之间缺乏良性互动，不利于保持用户黏性。笔者摘取 2019 年 1 月 31 日至 2020 年 2 月 7 日共 13 条新闻样本，并在微信和微博平台上对浏览量等数据进行了横向、纵向比较，可以发现不仅平台之间对于同一新闻的浏览量差异极大，不同内容在同一平台的浏览量差异也极为明显（表 2）。

表 2 《新京报》微信和微博平台浏览量对比

序号	标题 （2019 年 1 月 31 日至 2020 年 2 月 7 日）	微信平台		微博平台			
		阅读	在看	播放数	转发	留言	点赞
1	新型肺炎疫情歼灭战，外出咋防护？	1897	7	28.3 万	18	12	31
2	新型肺炎疫情歼灭战，在家这样做	3444	18	3.8 万	7	3	7
3	新型肺炎疫情歼灭战，哪些人不适合戴口罩？	20000	29	13.8 万	3	0	8
4	新型肺炎疫情歼灭战，打车需要注意什么？	1287	10	78.8 万	19	5	60

续表

序号	标题 （2019年1月31日至 2020年2月7日）	微信平台		微博平台			
		阅读	在看	播放数	转发	留言	点赞
5	新型肺炎疫情歼灭战，收取快递会感染吗？	4800	13	180万	12	9	42
6	致敬"逆行者"！武汉封城后的5个故事	269	2	56万	6	4	18
7	女子2次家宴致11人感染肺炎：如何避免聚集性疫情	4574	10	11.2万	5	3	9
8	人和宠物会互相传染新型冠状病毒吗？	2037	7	8.2万	2	2	7
9	钱咋算？延迟复工令后的4个工资问题	5138	18	39.5万	44	51	105
10	0～6岁儿童如何防护新型肺炎？	1107	7	1.3万	4	2	13
11	医生隐瞒症状上班3天后确诊新冠：涉嫌危害公共安全被立案	774	12	8.7万	4	23	31
12	多地辟谣"自来水加大氯气注入"，自来水里为啥加氯气？	602	3	7.1万	9	11	38
13	24小时内赶建的"方舱医院"，如何防治交叉感染？	1884	11	76.7万	51	15	250

2. 主观因素介入，增加内容失真风险

在5G技术的加持下，对于部分强调时效性的新闻，生产过程已经可以做到即写即发，对于视频化的新闻也可通过直播的形式呈现出事件原生态的过程。但对"动新闻"而言，由于动画的表现形式需要通过脚本、分镜、配音等人为环节加工制作来实现，对新闻素材的挑选和重组更多地加入了制作者的主观意识，这在很大程度上使"动新闻"在事实的呈现上出现很多不确定因素，感情色彩的介入使真实性和客观性作为新闻生产的第一要义难以得到保障，新闻易出现失真风险。

3. 可视化传播，谨防新闻伦理风险

《新京报》"动新闻"多数聚焦社会新闻的报道，在内容选题上易存在负面题材扎堆报道的情况，同类题材的累积性效应与动画可视化传播形式的结合，让大众传播的效果得到进一步凸显。根据李普曼的"拟态环境"理论能够发现，大众媒体对信息的选择性加工制作使得人们在头脑中所建构的主观世界与现实存在的客观世界之间存在着偏差，对于负面新闻的过度接收，在一定程度上会导致受众对所处环境的误判，特别是对于网络的主力军青少年群体而言，如果缺乏正向积极的内容引导，可能会引发对恶劣情节的群体性模仿行为，不利于青少年身心健康。

一千个读者眼中有一千个哈姆雷特。在报道内容涉及新闻伦理时，对于传者的编码、受众的解码都是一个不小的考验，因而"动新闻"在还原画面尺度的问题上还需要作进一步的思考。

（二）《新京报》"动新闻"未来发展优化建议

1. 分析平台受众差异，合理描绘用户画像

在互联网环境下，《新京报》"动新闻"全平台覆盖的举措，一方面使得内容分发涉及范围广，另一方面也使得信息同质化的现象日益显露，同时由于平台缺乏与用户的良性互动，未建立起有效的对话机制，因而也存在用户流失的隐患。

针对此问题，《新京报》"动新闻"可利用在技术方面的优势，通过使用算法技术，对用户在平台上的浏览习惯进行有效分析，更好地布局各个平台上的信息发布时间、信息内容，形成《新京报》一体化制度下的差异化内容产出；利用大数据技术，对浏览量高、引发社会舆论关注的"动新闻"进行样本分析，掌握新媒体环境下信息传播的文本规律，在标题制作、表现形式、话语表达风格上贴近受众语境，但这并不等同于迎合受众，专

业媒体应当坚守"内容为王"的理念,践行"事业"与"人文关怀"的双重考量。

2. 坚守新闻专业主义,力求客观真实

在动画新闻制作上,整个团队的新闻专业精神需要保持高度一致,即不夹杂主观色彩报道新闻事实。在思想观念上,通过学习马克思主义新闻观理论知识武装自己;在具体操作规范上,"动新闻"对事件的配音、字幕、配图等元素的使用需要标注素材的来源,这一方面便于对内容中引发争议的部分进行溯源,另一方面能有效地避免侵权问题;在实际制作上,为动画情节添加音效时,要注意其合理性,为动画人物添加表情动作时,站在第三者的角度客观地进行合理想象,这一点并非有违新闻的真实性,而是对新闻呈现形式上的想象,在确保事实基本要素真实的情况下,对于人物、场景的优化只是起到了"锦上添花"的作用。

3. 坚持正面宣传,推出优质新闻作品

新闻媒体对负面新闻的报道出于揭露社会现象,履行社会监督的责任,但应控制负面题材的占比,提前做好可能产生负面效应的预案措施,做好风险传播管理。

针对"动新闻"负面题材报道占比过大的问题,需要在制作前进行题材分类,在发布前合理安排推送内容。对于重要的社会新闻,需要在标题制作、标题栏配图、动画场景等多方面综合考虑受众的阅读观感,不仅能避免踏入新闻煽情主义的陷阱,也能使受众对"动新闻"平台的整体格调保持良好的印象。当下,社会正处于转型期,新闻媒体推出有温度、有品质、有深度的新闻报道是维护社会稳定、凝聚民心的重要举措,也是专业媒体在媒介商业化运营模式下,把社会效益放在第一位的有力表现。

四、结语

从最初新闻移动直播开始风靡,到如今短视频成为视频化新闻的主要表达方式，越来越多的新闻机构开始加入短视频这片红海产业之中，一时间行业内千帆竞技。在短视频爆发的风口上，《新京报》提出"视频是新闻的终极表达"的理念，相继成立了《新京报》"我们视频"和"动新闻"团队。

从本文对《新京报》"动新闻"在人员分布、选题策划、内容报道等多方面的分析中能够看出，《新京报》"动新闻"的优势在于他们是新闻里最懂动画的，也是动画里最懂新闻的。正如时任小米副总裁陈彤所说，目前在国内采用短视频、动画模式的，本身就不多。真正成规模做、批量做短视频新闻的，《新京报》"动新闻"是第一家。

"动新闻"在还原事件场景、事发经过、补足新闻要素等方面有着不可忽略的作用，但对于报道什么样的画面、镜头该如何运用等来规避触碰新闻伦理以及社会道德规范的相关操作，还需要新闻工作者对报道各环节"度"的把控作进一步摸索。

短视频的内容呈现，不是简单地将长视频压缩，而是一种全新的视频叙事模式，要在"少即是多"的理念下，聚焦内容重点，生成能够抓住受众眼球、激发视觉高潮的视频亮点，对于"动新闻"而言，在吸引受众注意力上有着得天独厚的优势。

"动新闻"的出现是时代的产物。今后，在 5G、VR、AR 等技术的应用下，"动新闻"还可利用 3D 建模，360°还原事发现场，让受众的身体在场感得到进一步的满足。但需要留心的是技术对人的异化，合理使用技术，促使技术与社会良性互动，推动社会发展才是最终要义。

参考文献

[1] 哈罗德·拉斯韦尔. 社会传播的结构与功能[M]. 何道宽，译. 北京：中国传媒大学出版社，2015.

[2] 新京报传媒研究院. 新京报传媒研究（第四卷）[M]. 北京：新世界出版社，2014.

[3] 胡罂.《新京报·动新闻》动画可视化新闻生产研究[D]. 长沙：湖南师范大学，2018.

[4] 晏彩丽. 新京报"我们视频"的短视频新闻特色研究[D]. 开封：河南大学，2018.

[5] 贾晓玲. 新京报"动新闻"报道特色研究[D]. 保定：河北大学，2018.

[6] 周瑞. 视频化转向：媒介融合背景下《新京报》的转型研究[D]. 北京：中央民族大学，2019.

[7] 王泉. 新媒体视域下动新闻的传播与发展研究[D]. 长春：长春工业大学，2019.

[8] 张秀敏."动新闻"现象剖析[J]. 传媒观察，2010（3）.

[9] 李彪. 融媒时代"动新闻"的三种模式[J]. 新闻记者，2016（1）.

[10] 刘先根，彭培成. 融合新闻虚拟化叙事的话语范式探析[J]. 新闻战线，2016（23）.

[11] 李琦，曹宁. 从新京报动新闻看新媒体视频新闻[J]. 青年记者，2016（33）.

[12] 王张雅.《新京报》"动新闻"报道特点研究[J]. 传播与版权，2017（9）.

[13] 杨梦玥.《新京报》媒介融合的路径分析——以"新京报 动新闻"为例[J]. 新媒体研究，2018（18）.

[14] 徐文倩. 我国动新闻发展现状之我见[J]. 北方传媒研究，2019（2）.

[15] 郭思琦. 动画视频在新闻报道中的传播特征分析[J]. 新媒体研究，2019（16）.

科技期刊短视频传播实践研究
——以《自然》期刊 Nature Portfolio 为例

周奕歌

（北京印刷学院）

【摘　要】 移动互联时代，短视频因其"短、平、快"的特点成为重要的传播手段，一部分科技期刊也将短视频应用于办刊的实践当中，短视频成为当下科技期刊传播体系中重要的一环。本研究以国际顶尖的《自然》（Nature）期刊视频号 Nature Portfolio 为研究对象，采取内容分析法、案例调研法，总结 Nature Portfolio 面向中国本土的短视频运营策略，对比我国科技期刊在短视频领域的发展，基于福格行为模型从"动机""触发""门槛"三个维度分析科技期刊短视频的运营策略，解决当下我国科技期刊短视频凸显的问题，从而提升科技期刊科学传播影响力及传播力，为我国科技期刊在新媒体传播视域下提供发展参考。

【关键词】 科技期刊；Nature Portfolio；视频号；福格行为模型

一、研究背景

短视频作为近年来新兴的传播方式，成为当下受众最喜爱的信息接收方式之一。长期以来，科技期刊肩负着传播各行各业最新成果的重任，在知识传递、人才培养方面起到关键作用，因此更需要走在科技与理论的前沿。随着多媒体融合技术的发展，科技论文传播模式不断更新，其在社交媒体的传播及影响力也被国内外广泛关注。融媒体环境下，"短视频+期刊"成为科技期刊融合发展的新路径，也是科技期刊出版转型升级的新方向。

国内一些科技期刊依托短视频平台在传播方式上作出了积极尝试，但效果不甚理想，开通短视频账号的科技期刊少，且对自己的定位不明确，内容单一守旧，这也进一步反映了科技期刊在短视频运营方面的不足，科技期刊短视频的应用与传播还需进一步优化。

《自然》期刊是历史悠久、全球顶级的科技期刊，于 2020 年年初在微信视频号开设了账号"Nature Portfolio"，通过短视频传播科学知识。其中，一些科普短视频达到了阅读量 10 万+的传播效果，其在科普短视频方面的内容运营思维与内容建设策略值得国内科技期刊借鉴。本文基于福格行为模型，研究《自然》期刊的短视频传播策略，对比国内科技期刊短视频发展现状，提出对我国科技期刊短视频发展的启示。

二、《自然》期刊视频号短视频传播研究

（一）研究对象

本文选取学术期刊《自然》的视频号 Nature Portfolio 作为研究对象，主要基于该期刊的学术地位权威性、学术价值前沿性及运营模式规范性。在期刊的权威性方面，截至 2021 年，《自然》期刊当前的影响因子为 49.962，属于国际顶尖学术期刊之一。在学术价值方面，《自然》期刊致力于关注全球性和科研前沿的相关问题，并将科学研究的结果呈献给包括一线科研人员在内的所有读者。一直以来《自然》期刊都很注重自身在新媒体渠道的相关运营，旗下网站 Nature.com 月平均独立访问用户超 1000 万，月均页面浏览量超 4000 万次，与此同时，《自然》期刊还注册了包含脸书（Facebook）、YouTube 等在内的国际社交媒体账号，在国内注册了微博，粉丝数达 74 万，《自然》期刊的微信公众号当前在众多国际出版商中也是

最具有传播影响力的。在短视频成为新媒体的风口之际,《自然》期刊也联动微信公众号注册了微信旗下视频号的账号,截至 2021 年 7 月 4 日已发布 42 条原创视频,其中《150 年的〈自然〉论文网络》更是获得了 10 万+的点赞量和 7.2 万的转发量。作为一家国际顶尖的科技期刊,《自然》期刊在移动化、碎片化阅读的时代,利用不断更新的社交媒体形式来分享国际最新的科研成果及自身的最新动态,《自然》期刊在短视频领域的实践探索对国内科技期刊有着很大的借鉴意义。

(二)研究方法

本文采取描述性统计分析和内容分析相结合的方法,抽取 Nature Portfolio 视频号从注册开始到 2021 年 7 月 4 日发布的所有视频为研究样本,整理分析视频的主题、点赞量、评论量、转发量、发布视频的数量、是否在其他平台发布等各数据变量,并总结 Nature Portfolio 在微信公众平台等新媒体平台下的移动传播特征与策略。

(三)统计样本基本情况

本研究对 Nature Portfolio 微信视频号从注册以来到 2021 年 7 月 4 日发布的所有视频进行逐条统计,总共有 42 条视频内容,主要从视频主题、点赞量、评论量、转发量、发布视频的数量、是否在其他平台发布等各数据变量分析其内容推送特点。通过数据整理分析可知,从该视频号开始发布视频以来,平均点赞数为 2618.24,平均转发量为 1306.52,单篇最大点赞数为 10 万+,转发量 7.2 万+。

在目前所发布的 42 条视频号内容中,点赞量为 100~200 的视频有 13 条,占总量的 30.95%;点赞量为 200~300 的视频数量次之,共有 11 条,占总量的 26.19%;而点赞量大于等于 500 的视频有 4 条,占总量的 9.52%。

(四)《自然》期刊视频号传播策略分析

Nature Portfolio 视频号内容涉及物理、化学、生物、医药等多门类、多学科最新前沿资讯,并将其结合先进的技术,通过视频化的形式将主要研究成果、相关资讯进行传递。作为《自然》期刊的视频号，其内容截至2021年7月4日，共发布视频42条，单篇总点赞量超10万，平均视频转发量达1300余次，从内容质量和运营策略上均优于其他科技期刊同平台下的短视频账号。

1. 平台策略：多维新媒体平台分发

短视频是表达形式，并不拘泥于某一平台之中，现如今有多个学术期刊同时在运营多个社交媒体平台，结合平台属性交叉转载发布，力求内容阅读量达到最大化，从而不断扩大学术期刊影响力。《自然》期刊运用公众号与视频号之间的平台互通属性进行双向导流，Nature Portfolio 视频号共计42条，其中22条被公众号进行转载发布，将短视频嵌入微信公众号中，提高学术类短视频的外部触发概率。而"Nature 自然科研"微信公众号相比于其他国际出版商更具有传播影响力，其在公众号上的影响力也能协助被转发的视频获得更高的阅读量，图文加视频的形式使相关科普内容更加生动具象，增强了读者的易读性。另外，《自然》期刊还将制作内容发布在其官方网站上，在其官网上设立"Audio & Video"栏目，利用视频形式解读论文给读者留下更深刻的印象，让枯燥的文字以视频的方式生动地呈现出来，将科技期刊立体化延伸，提高了读者获取学术信息的效率。

2. 内容策略：多内容类别全科普

由于科学传播内容大多晦涩难懂，具有很强的专业性，如何将科学内容有趣通俗地传播给并不一定具有相应水平的读者，成为许多科技期刊实现有效传播的难题。我们以自然科学的学科类别为《自然》期刊视频号发布的内容进行主题分类，为了贴合《自然》期刊的自然科学内容属性，将其分为医学、物理、化学、生物、地理、历史、其他七个大类。在过往发布的42条视频中，生物类有15条，占比为35.71%；物理类次之，有10条，占比为23.81%；医学类视频以总占比19.05%，8条视频的数量排到其后。这样的内容占比也与《自然》期刊的自然科学属性切合，更能促进相关科研成果专业化、垂直化的科普。

与此同时，Nature Portfolio 在发布视频的内容方面，注重对读者猎奇心理的满足，如《猫猫的万年旅行》《空中飞蛇：蛇是如何在空中滑行的》，这些视频都是从人类生活中常见生物鲜为人知的生活习性等出发，打破人们头脑中对其既定的认知，刺激人们的猎奇心理，同时完成对该生物相关科学研究的普及。此外，Nature Portfolio 中发布的医学相关内容数量也很多，将目光聚焦到人们所关心的自身健康、疑难杂症上来，如《如何更好地应对癌症的全球不平等》《与脂肪肝作战》，这些视频内容都全方位地对相关病症进行科普，对人们深入了解相关疾病并加强自身预防起了相当积极的作用。更值得一提的是，2020 年新冠肺炎疫情在全球范围内暴发，成为当下全球医学领域受关注度最高、最亟待解决的相关议题，Nature Portfolio 也发布了《关于新冠病毒变异株的几个真相》《疫苗是如何被研制出来的》《疫苗是如何起作用的》多个与新冠肺炎疫情相关的科普视频，在自身科普内容涉猎范围内紧扣相关时事热点，用最权威、专业的科学研究成果解答新冠病毒的相关问题，为疫情信息的公开、疫情相关专业知识的普及、公民科学素养的提升起了良好的推动作用。

3. 传播技巧：内容打造的可取之处

科技期刊传播的内容向来是严肃的学术观点，因此制作成短视频的科普知识、学术观点需要兼顾专业权威和通俗易懂两个层面，Nature Portfolio 在短视频领域将科技期刊的内容转化为视听语言，既创新了传播形式，又创新了传播内容，扭转了受众对科普和学术文章的固有偏见，同时也倒逼科技期刊精进内容、科学传播、创新发展。

Nature Portfolio 视频号中的《150 年的〈自然〉论文网络》为该账号打造出的爆款内容，点赞超过 10 万，转发超 7 万次，该视频不仅让观众们看到了《自然》作为国际顶尖科技期刊的影响力，了解到科学研究复杂严谨的魅力，更让人们了解到《自然》发展的历史脉络。Nature Portfolio 推出的该爆款视频制作精良，通过 C4D、3DMAX 等手段将复杂难懂的科学模型"跃然纸上"，在该视频中细数了《自然》期刊中不同领域的内容，从 1869 年开始不同的论文相互连接形成了不同学科分支下的研究，演示了从《自然》期刊创刊以来的重要节点时期、重要学术观点的诞生与联系，而这些节点的变化在视频中都运用彩色的模型进行演示，将庞大的抽象数据可视化，为人们在视觉上创造出一个充满错综联系的学术研究网络，给人以强烈的视觉冲击感，动态模型的直观展示与配音解说的加持将原本抽象的历史脉络变得具象化，让受众获得高度的沉浸感。

三、我国科技期刊短视频传播研究

2019 年 9 月，为推动我国科技期刊高质量发展，中国科协等七部门联合实施了"中国科技期刊卓越行动计划"，以此为统领推动科技期刊发展，实现一流期刊建设目标。本研究以入选"中国科技期刊卓越行动计划"的 280 本科技期刊的期刊名称、"期刊/杂志""学报/学刊/导报"等为关键词在微信视频号平台进行我国科技期刊短视频传播情况调研，对搜索到的用户进行作品、介绍、认证等方面比对，共筛选出 28 家期刊账号，剔除个人账号和未经官方认证的账号及未发布过任何内容的账号，笔者最终筛选出运营状态正常的 7 家期刊账号，并对其进行统计，结果见表 1。

表 1　科技期刊视频号调研数据统计

期刊视频号	是否认证	是否关联公众号	视频总数/条	视频最高点赞量	科普内容占比/%
园艺研究	是	是	11	218	18
航空知识	是	否	391	61 000	83
核技术英文版 NST	是	否	13	53	0

续表

期刊视频号	是否认证	是否关联公众号	视频总数/条	视频最高点赞量	科普内容占比/%
中国国家地理杂志社	是	是	21	1001	67
中国激光杂志社	是	是	48	267	0
中国中药杂志	是	是	43	3856	65
化工学报	是	是	13	1427	85

（一）基本情况

总体来说，开设视频号的科技期刊较少，绝大多数科技期刊运营状况与发布频率不稳定，存在很多"僵尸号"，即便在公众号与视频号可以互相引流的情况下，也有一部分科技期刊仅仅开设视频号但未投入运营。虽然近年来国内学术界与期刊界都开始逐步重视新媒体平台的应用，但是大部分出版社或科技期刊编辑部规模较小，缺乏专业新媒体运营人才，新媒体专项运营资金、视频拍摄与剪辑技术等都存在一定程度的匮乏。

（二）内容传播情况

从内容传播角度来说，仅有《航空知识》一家科技期刊保持着高频率的更新，并且在内容层面坚持做科普，创造了4条点赞过万的"爆款视频"，其他科技期刊都没有形成自己完善的内容体系，发布内容杂乱且多以期刊自身宣传、期刊论文节选、相关学术论坛宣传、其他无关内容为主，没有形成一套完整的短视频内容运营逻辑体系。还有部分科技期刊视频号发布内容为该学科前沿学术成果展示，不具备普适性与大众性，受众覆盖面具有相当大的局限性，与一些泛学术科普的短视频账号相比，既不具备内容的专业性，也不具备科普视频的趣味大众性，无论是从内容运营能力还是视频发布的积极性上都亟待提升。

四、科技期刊短视频传播效果提升的措施

（一）福格行为模型概念及其应用

福格行为模型（Fogg's Behavior Model）是互联网产品探索用户使用行为的重要模型，该模型指用户开展一次行动（Behavior）时，需要具有主观的动机（Motivation）与能够接触产品的能力（Ability），并在条件充足的情况下触发（Trigger）行动。基于福格行为模型，用户完成一次产品的使用需要行动公式：行动=动机+能力+触发。

短视频作为当下互联网快节奏行为习惯下衍生出的产品，其用户的使用行为依旧符合福格行为模型，若要促成用户观看短视频并引发后续互动的行为，需要用户有主观的"动机"，观看短视频的"能力"，以及在某种契机下打开短视频的"触发"条件。由于互联网维度下对于观看短视频"能力"的讨论在本研究中并不存在必要的价值，而对于科学传播类视频存在着观看"门槛"，即受众有可能因为自身条件限制而对科学传播短视频内容不理解或产生理解偏差，我们用"门槛"来代替"能力"。所以在本研究中，我们将福格行为模型用于科技期刊科学传播类短视频的公式演变为：行动=动机+触发+门槛。

（二）福格行为模型下科技期刊短视频传播效果提升的措施

1. 明确自身定位，激发动机

动机是指受众完成观看短视频内容具有目的性，对内容抱有"好奇""期待"等心理。科技期刊在运营短视频平台时需要明确自身的内容科普定位来激发受众的好奇心，从而提升用户的使用动机。如 Nature Portfolio 视频号就立足于期刊自身的自然科学属性，在短视频的制作上对枯燥的科研内容进行延伸，创造出激发受众好奇心、贴近其生活的视频内容，采用故事叙述、动画模拟、实验求证等丰富的表现形式进行内容传播，无论是在视频表现形式还是内容新奇程度上都极大地吸引了受众，不管是出于对猎

奇心理的满足，还是对科学内容的求知心理，都能激发用户的使用动机，从而提升短视频的传播效果。

2. 多维平台分发，提高触发

触发是指用户进行学术类短视频观看行为的诱因。学术类短视频体量较轻、阅读压力较小，不同于文字阅读内容，短视频的表达形式更多是通过竖屏对话的形式出现，获取信息更便捷、更加沉浸，因此，学术期刊采用短视频的方式进行传播在无形中降低了触发难度。融媒体时代，科技期刊应充分利用期刊特色，建设期刊网站+优选平台同步更新的融媒体传播矩阵。科技期刊可以将短视频内容分发到各个渠道当中，包括"微博""微信公众号""官网"等多个平台，利用平台优势不断扩大学术期刊影响力。

3. 以内容为导向，降低观看门槛

科学传播内容门槛较高，科技期刊运营短视频时可以将"生活""科普"类内容作为主导，主动降低门槛，尽量少用专业词汇或在专有名词中加以解释。科技期刊运营短视频时可以将学术新闻热点类内容作为主导，将学术研究成果和当下的热点结合在一起，从受众感兴趣的事件入手来传递学术研究成果不仅能够降低理解难度，而且可以在短时间内吸引更多受众关注。以《测绘学报》为例，其结合长征五号B运载火箭成功首飞的热点事件，在抖音短视频平台上策划了关于重型运载火箭的科普视频，取得了很好的传播效果。

如今我国学术类视频缺少必要的深度，大多数科普性视频以零散、浅显内容为主，不利于用户生成全面的观点。互联网时代，以科普及知识专业性作为内容吸引点的科技期刊短视频更应该从内容上进行深耕细作，在推动科技期刊发展的政策背景及短视频飞速发展的传播环境下，科技期刊作为传播科学成果的重要渠道，在短视频发展红利期理应抓住机遇，提升内容生产能力，提升内容传播效果。

五、结语

目前,短视频发展迅速,是科技期刊扩大影响力的有效路径,科技期刊也要抓住这一机遇,主动迎合科技发展带来的传播渠道扩展、更迭和转化,适应传播媒介、受众群体与阅读方式的变化,以包容的态度面对新媒体创新,积极建构开放、互动、有效的多元化传播渠道,探索能够再次创造论文学术价值的传播途径。

参考文献

[1] 赵鑫,刘娜英. 价值接受模型视野下科技期刊视频出版创新路径及实施对策[J]. 中国科技期刊研究,2019,30(12):1274–1280.

[2] 蒋亚宝,栗延文,吴晓兰,等. 科技期刊全媒体转型中的视频和直播业务探索[J]. 科技与出版,2021(11):46–51.

[3] 曹会聪,居跃琳. 一流期刊建设背景下科技期刊融媒体发展研究——以科技期刊短视频发展为例[J]. 出版广角,2021(16):46–49.

[4] 韩璐. 科技期刊视频传播再考察[J]. 出版发行研究,2021(8):45–51.

[5] 宋启凡. 学术期刊抖音短视频平台的发展与探索[J]. 中国科技期刊研究,2021,32(3):365–371.

[6] 赵鑫,李金玉. 我国科技期刊短视频营销推广的现状、问题及对策[J]. 中国科技期刊研究,2020,31(8):915–922.

[7] 王晓醉,王颖. 知识类短视频对科技期刊的启示——以"中科院之声"系列短视频为例[J]. 科技与出版,2019(11):76–82.

基于福格行为模型的学术期刊短视频运营策略分析

李梓豪

（北京印刷学院）

【摘　要】 5G时代，短视频作为重要传播表达形式席卷互联网各平台，而学术期刊并未搭上"顺风车"，学术期刊应利用学术内容优势，制作学术类短视频创新出版。本文基于福格行为模型，从"动机""触发""门槛"三个维度分析学术期刊短视频运营策略，得出学术期刊与短视频的契合点，提升学术期刊传播效果，形成"互联网+学术出版"形式的学术出版新生态。

【关键词】 数字出版；福格行为模型；短视频；学术期刊

一、绪论

2020年10月，作为"第八届中国网络视听大会"的重要亮点，《2020中国网络视听发展研究报告》由中国网络视听节目服务协会发布。该报告将综合视频、短视频、网络直播等行业定义为泛网络视听领域。其中，短视频领域市场规模最大，发展迅速，占比为29%。第47次《中国互联网络发展状况统计报告》显示，截至2020年12月，我国网络视频用户规模达9.27亿，其中短视频用户规模为8.73亿。如今短视频的高速发展已经是"出版融合"绕不开的话题。

2016年快手、抖音等平台相继进入互联网用户视野中，短视频利用贴近生活的场景、风格多样的表现形式，成为用户获取内容、休闲娱乐的重要渠道。在5G时代下，用户更倾向于碎片化、沉浸式的内容体验。相比短视频，图文内容吸引力逐渐下降，大量文字内容创作达人转战短视频平台，抖音平台出现大量"百万级别"内容创作者。

截至2019年12月，抖音上粉丝过万的知识内容创作者仅7.4万名，这意味着抖音平台中知识内容创作者并未成为主流，尤其学术内容短视频博主更为空白。但知识内容创作者视频累计播放量超过了1.9万亿次，这说明科普、科研类内容具有市场且抖音逐渐成为大众传播知识的重要平台。

学术期刊展示科研领域的最新进展或成果，通过发布内容起到公示作用。截至2020年8月，包含抖音火山版在内，抖音的日活跃用户已经超过6亿。短视频平台拥有大量的活跃用户，学术期刊可利用平台进行内容分发、成果公示。但截至2019年10月31日，通过对568份CSSCI来源期刊进行抖音平台的数据收集发现，仅有《社会科学》等四家学术期刊开通抖音平台，且并无官方认证，平均发布内容数量为2个[1]。为此，本文将通过福格行为模型对学术期刊短视频策略进行分析。

二、福格行为模型概念及运用

福格行为模型是互联网产品探索用户使用行为的重要模型，该模型指用户开展一次行动（Behavior）时，需要具有主观的动机（Motivation）与能够接触产品的能力（Ability），并在条件充足的情况下触发（Trigger）行动。基于福格行为模型，用户完成一次产品的使用需要行动公式：行动=动机+能力+触发。

短视频产品符合福格行为模型，用户实现观看短视频的行为，需要有主观的动机，如对视频感兴趣的"动机"；拥有观看短视频内容的"能力"；广告推送或主动打开产品的"触发"条件。在互联网条件下，"能力"显得不那么重要，产品不断迭代升级使得观看短视频内容的能力不存在难度。为此，本文以福格行为模型探讨"观看短视频行为"不涉及"能力"维度，针对学术类短视频内容，取而代之的重要维度是"门槛"。

不同于泛娱乐化内容易于了解并吸收，学术内容需要受众具有一定的专业知识和科研素养，所以学术类内容具有"门槛"。例如，对于《红楼梦》来说，通过短视频形式展现"红学"研究成果，需要受众掌握该时代的史、哲学、文学等相关学科的基本知识[2]，才能够精准、深刻地解读内容。对于非专业人士而言，科研成果的展示存在学术门槛。受众有可能不能理解文本内容或产生理解偏差，所以福格行为模型用于学术类短视频的研究公式演变为：行动=动机+触发−门槛。

三、学术期刊短视频的发展

学术期刊逐渐从传统传播方式转向数字出版手段。数字出版是指"传播者利用现代化、数字化手段进行内容生产，并通过互联网渠道进行分发的新出版模式"。数字出版流程包括内容生产、传播渠道、产品形态等数字化形式[3]。学术期刊利用数字化手段制作学术相关短视频，并在互联网平台进行分发，也属于数字出版。

而学术期刊并未站在短视频数字出版这条"赛道"上，以《自然》为例，《自然》是国际顶尖学术期刊之一，"Nature 自然科研"微信公众号在 2017 年 12 月 24 日至 2018 年 12 月 24 日，一年间发布公众号内容 1000 余篇，微信传播指数达 822.65[4]，远高于公众号 WCI 指数均值，且内容深受读者欢迎。除公众号外，该期刊还创办 Nature.com 官方网站，月平均访问量达 1000 万；"Nature 自然科研"官方微博粉丝也达 12 万。互联网用户对于学术类内容是存在需求的，而学术期刊对短视频内容的挖掘还处于空白阶段。

学术期刊短视频内容主要以学术成果、科研进展、热点新闻为主。

2014年中国科协对科普类型短视频进行定义，即"由机构或个人制作、版权清晰、无知识产权纠纷的，普及科学技术知识、传播科学思想和弘扬科学精神为主要内容的、时长为30秒至20分钟的小电影、动画片、纪录短片等视频作品"，此类型科普短视频符合学术调性。学术类短视频是在较短时间内对学术内容进行科普、传播，所以学术类短视频包括科普类短视频，不仅如此，学术类短视频内容还可以涉及新闻热点、科研技巧等。

四、学术类内容与短视频的契合点

（一）触发

触发是指用户进行学术类短视频观看行为的诱因。学术类短视频体量较轻、阅读压力较小。不同于文字阅读内容，短视频的表达形式更多是通过竖屏对话的形式出现，获取信息更便捷、更加沉浸。观看学术类短视频成本较低，但可以获得新鲜观点或科普知识[5]，触发难度更小。

从触发的方式进行分类，可以分为外部触发与内部触发。

外部触发是指受众收到外部的推送从而观看学术类短视频的行为，"外部推送"作为受众观看内容的诱因。在互联网时代下，学术期刊越来越注重线上运营策略并以此获取流量。大部分学术期刊都开设官方网站，方便用户获取学术信息，用户在搜索引擎页面上浏览或搜索学术信息时会收到相关广告提示进行外部触发。此外，斯普林格、威利等出版社都开设公众号，通过定期推送内容可以进行外部触发。学术期刊可将短视频内容上架至官网、公众号等平台，通过外部触发途径，使受众观看学术期刊类短视频，并扩大学术影响力。

内部触发是指受众对学术期刊内容本就关注，受众关注行为即受众观看内容的诱因。以《自然》期刊为例，用户可以通过邮件订阅"Nature Briefing"了解《自然》期刊中的信息，短视频内容可以嵌入邮件中，当用户主动获取学术内容时即可触发。"触发"行为在福格行为模型中起到重要作用,是用户观看学术类短视频内容的第一步。

(二)动机

动机是指受众完成观看学术短视频内容具有目的性,对学术内容抱有"好奇""期待"等心理。

例如,《人民日报》官方抖音号利用短视频,在疫情期间实时发布关于新冠肺炎疫情的最新科研进展。其中,《好消息!陈薇院士团队新冠肺炎疫苗Ⅰ期临床试验结果发布》的短视频截至 2020 年 11 月点赞量达 518 000 次,评论量达 12 000 条,满足了受众对疫情的"好奇"心理。

对于"期待"心理,疫情期间医学类防疫知识也是用户最关注的话题之一,大众"期望"获得防疫的相关知识,一些医学科普达人在疫情期间利用短视频将防疫知识精准地传播给受众,将便捷高效的新媒体手段和专业的医学常识相结合,让大众接触医学知识。用户在触发条件的驱使下,通过观看学术类短视频可以满足对特定事件的好奇与期待,进一步了解更多学术信息。

(三)门槛

门槛,学术内容需要受众具有一定的阅读能力与科研能力,所以学术内容难以扩大传播。但短视频将声音与画面相结合,视频形式冲击力、表现力更强;短视频内容篇幅较短,相比图文内容,学术内容承载更轻、更随意,降低了阅读门槛;短视频具有碎片化的特征,更贴合用户的使用习惯。

短视频因为表现形式的优势,吸引大批生活、娱乐达人入驻短视频平台发布内容。娱乐化的内容已经占据抖音等平台,而学术类内容相对空白,其中主要原因是学术类内容具有门槛。当观看"理解成本"越高时,越多观众会不理解,降低兴趣,减少相关学术内容的获取。为此,学术类短视频内容应该降低学术门槛,尽量少用专业词汇或对专有名词加以解释。短期内提高用户阅读文献资料和掌握基本理论知识的能力并不是学术类短视频需要解决的问题，学术类短视频内容更多以科普、分享学术观点为主。

五、学术期刊应用福格行为模型策略分析

（一）短视频多平台分发，提高外部触发

短视频是表达形式，并不拘泥于某一平台中，学术期刊可以将短视频内容分发到各个渠道中，包括微博、微信公众号、官网等多个平台，利用平台优势不断扩大学术期刊影响力。

以官网为例，学术期刊可将用户引流到短视频内容中，《自然》期刊在其官网上设立"Audio & Video"栏目，利用视频形式解读论文给读者留下更深刻的印象，将学术期刊立体化延伸，提高了读者获取学术信息的效率。

短视频还可以嵌入微信公众号中，一些知名科普类作者不仅拥有抖音平台，还有微信公众号、知乎等多个媒体平台，疫情期间将防疫知识短视频进行多平台联动，将短视频内容放置当日微信公众号头条位置进行推荐，提高学术类短视频的外部触发概率。

（二）提高短视频质量，促进内部触发

学术类短视频制作应遵循短视频"短、平、快"的特点，制作内容应开门见山、平铺直叙，展现其核心内容，切忌视频内容时间过长。学术内容多为严谨知识，但表达形式并不局限。学术期刊可以利用故事化的表达形式，将学术知识幽默、生活地表现出来。一些有代表性的视频，不同于以往枯燥、乏味的科普，而是通过小剧场演绎形式将内容生活化，更容易让人接受。

当用户浏览视频后能收获相关信息或知识，产生对学术类短视频内容的好奇与期待，建立内部触发机制，并通过将优秀内容主动分享提高视频外部触发可能。

（三）视频内容以"新闻类"为导向，降低观看门槛

学术内容门槛较高，学术期刊运营短视频时可以将生活、科普类内容作为主导，主动降低门槛。以微信公众号"Nature 自然科研"为例，选取一年中共计 1207 篇公众号内容，其中微信公众号内容阅读量 TOP100 的文章，"新闻类"内容占比最高，主要以热点事件和科技快报为主。

学术类内容的受众包括专家、学者等科研人才，也包括普通用户。通过短视频内容可以兼顾各个类型用户，推送学术新闻与热点事件是不错的选择。但学术类视频内容不代表没有深度，而是主动降低门槛，提高学术期刊影响力。

（四）学术期刊培养用户长期观看习惯

现今，短视频平台信息过载，想要拉新用户观看视频，不仅需要制作精良、内容引人入胜，短也是重要条件之一。短视频平台注重视频的完整播放率，视频内容精简、压缩内容可以提高完播率。

但目前学术类短视频主要以科普类型为主，由于受众科研能力不同，视频内容主要以碎片化解读科研信息为主，致使受众接受信息不成系统、不够深入。

中国人民大学新闻学院执行院长胡百精教授等多位学者提出，如今我国学术类视频缺少必要的深度，大多数科普性视频以零散、浅显内容为主，不利于用户生成全面的观点[6]。为此，学术期刊可以通过短小精悍的"干货"视频吸引用户注意，需要在一定粉丝基础上，逐渐加强学术类短视频的深度，将内容深入浅出地表现出来。不能迎合受众一味产出"浅知识"内容，应承担社会责任将学术内容立体化、深入化。

六、结语

2020 年《国家新闻出版署关于加强新华书店网络发行能力建设的通知》中鼓励传统出版利用数字化技术进行升级，探索"互联网+出版"的融

合发展模式，学术期刊拥抱短视频正是数字出版的重要方法之一。目前，短视频发展迅速，是学术期刊扩大影响力的有效路径，学术期刊应该辩证地去思考如何利用短视频将学术深入浅出地讲给受众[7]。

福格行为模型作为互联网产品打造的重要逻辑，与学术短视频非常契合。学术期刊利用平台优势扩大触发机制，在抖音、视频号等短视频平台进行分发，引起受众关注。利用内容优势，制作紧追热点且学术严谨的内容，为用户制造"痒点"，引发用户主动观看短视频动机。降低学术门槛，利用生活化、场景化方式分享学术知识。学术期刊可转变形式，与时俱进，提高其在互联网中的影响力，打造学术出版新生态。

参考文献

[1] 王孜. 5G 时代学术期刊短视频平台的发展现状与融合研究——以抖音短视频为例[J]. 出版发行研究，2020（2）：61–66.

[2] 龚迖. 学术史是学术研究的第一道门槛——以《红楼梦》新近失范研究为例[J]. 红楼梦学刊，2019（2）：131–148.

[3] 姜宇航. 浅析数字出版对科普传播的重要意义[C]// 安徽省科学技术协会. 安徽首届科普产业博士科技论坛——暨社区科技传播体系与平台建构学术交流会论文集.安徽省科学技术协会学会部，2012：149–151.

[4] 丛挺，赵婷婷. 基于微信公众号的学术期刊移动化传播研究——以"Nature 自然科研"为例[J]. 科技与出版，2019（7）：80–85.

[5] 洪海旭. 基于上瘾模型的移动互联网产品研究[D]. 北京：北京邮电大学，2019.

[6] 俄沂彤，刘海荣，齐立海，等. 大学生科普需求调查研究[J]. 科技创新与应用，2019（6）：51–52.

[7] 杨琳，张昊云. 数字科普出版视域下短视频发展策略研究[J]. 科技与出版，2020（5）：49–53.

边界·参与·责任
——人工智能思维下编辑人才培养范式的思考与革新

石 尚

(北京印刷学院)

【摘　要】人工智能是一种技术,也是一种编辑人才的培养思维。通过对人工智能边界思维的理解,有助于掌握智媒体的具身性特点,提升编辑人才培养中的参与性思维与用户感知;划清出版学向一级学科发展的知识边界,可以找到智媒体时代编辑人才培养的方向;然而,人工智能重塑出版业的同时也造成了伦理问题,为此,要培养编辑人才的社会责任与公益精神。本文围绕着人工智能与人才培养两个关键词,提出人工智能思维下编辑出版专业人才培养的三个核心:边界、参与和责任。

【关键词】人工智能;出版学;人才培养

人工智能技术已经深度融合在出版行业的方方面面,在选题论证阶段,大数据出版摆脱了人工编辑对于经验和问卷调查的依赖,《纽约时报》的传播趋势预测程序 Blossomblot 和 Velocity 正在帮助大事件编辑精准把握公民议题,精准、迅速而经济。在编辑写作阶段,《光明日报》的 xiaomingbot 与腾讯的 Dreamwriter 将编辑劳动从新闻写作中剥离,智能翻译与识别软件代替了部分人工且效率更高。虚拟现实技术则将二维图书出版工作延伸到三维赛博空间,革新了人们对于"书"的概念。人工智能正在用强大的学习能力深刻地重塑着出版流程，而这种学习能力来源于"图灵"模型，也就是说掌握人工智能，就要借鉴人工智能的思维看待问题。当前，能够驾驭先进技术的编辑人才存在巨大缺口，如何培养人工智能时代的编辑人才成为一道难题。人才培养方式需要与时俱进，利用人工智能思维方式去探讨编辑人才的培养具有积极意义。

一、编辑即 AI：通过具身认知实现自我迭代

（一）具身参与赋能信息处理

由于高校教育的历史惯性和人才培养方式的认知偏差，学生往往作为被培养的对象进行"客体性参与"，被放置在预先设定好的环境中进行学习。然而从目前出版社的新媒体矩阵现状去反推编辑人才的培养目标是否达标，就会发现出版社的微信微博建设似乎见顶，不尽如人意。在抖音、快手视频号等平台开通短视频账号的出版社只有 80 多家，其中大约四成都是空号废号。从审美、剧本、剪辑、台词、出镜等方方面面来看都不够专业，这直接导致本应该占据知识流量上游的出版社却被"书单""读书"等营销号远远甩在后面。调查显示"我国数字出版从业人员主要由传统的编辑转岗而来"，"有 71.53% 的单位数字出版人才规模比例低于 10%，超过 50% 的机构认为当前我国数字出版人才成长空间有限"。新环境下，不要让新媒体时代人才培养的缺陷留到智媒体时代，造成更大的人才空洞。

这种只注重成绩、课时的"客体性参与"教学是古典的，只注意到环境对于教育的影响而忽略了培养对象的主体性地位，应以培养对象的感官系统为核心构造环境实现具身认知。具身认知不是大脑孤立的计算，而是大脑、身体和环境相互作用。例如，虚拟现实技术通过计算机形成的三维图像构成了一个虚拟环境，人的大脑和身体参与进来与虚拟环境进行交互，达到人与智能机器合为一体。这说明环境对于人的影响是极大的。注重编辑人才的培养，要提供有利于编辑成长的环境，如在校对实务课中，将校

报、校刊、院刊稿件、版式设计与图书装订工作交给相关课程的同学进行实践，让他们生成对不同纸张、不同装订方式等媒介适应性的意识，将成果办成展览，也可以与艺术系的同学组成小组，提前模拟真实的编辑工作。

另外，具身认知强调"用户"的体验，因此，传统图书编辑的"内容为王"在人工智能语境下重塑为"注重用户体验的内容为王"更加具有普适性。不同媒介具有不同的阅读特点，手机阅读适合多图少字宽行距，纸质阅读适合字多图少颜色少。在排版中要掌握多少种颜色搭配，多少字适合插入图片与注解缓解阅读节奏，都需要学生作为用户去进行具身感知，从而转化为自身体验提高能力。

其实，不论是参与意识还是具身认知，都注重编辑人才在出版场域中与不同要素的融合，编辑参与在出版物的制作过程中也是出版业参与到社会运行中的一个缩影。出版业要参与到新一轮技术变革的浪潮中，编辑人才必须向人工智能看齐，培养高度主动的深度学习能力。

（二）培养深度学习能力，实现编辑即 AI

深度学习是人工智能得以成立的条件。所谓深度学习，即机器通过神经元网络与外界进行信息交换来进行自我迭代。人工智能的思维来源于模仿人脑神经元搭建起来的神经网络，神经网络通过不断试错进行自我迭代从而完成深度学习，在这个过程中，人工智能各部分的神经微环路都会主动参与到电信号的处理中，根据外界环境的变化调节电生理性质，让人工智能的行为无限逼近合理。这就是说，人工智能的学习能力主要体现在两个方面，一是在不断变化的环境中主动试错调整类脑感官反应，二是中间神经元参与式的神经发生（Neurogenesis）。人工智能的"主体性参与"和"具身性调节"启示我们在高知识密度的人工智能环境下培养编辑人才，就要让其在主动参与实践中不断试错，在认知不断更新和出版物快速迭代的大环境中实现编辑能力的进步。

培养编辑的深度学习能力，就要令其成为人工智能，以人工智能的方式去主动学习。前馈神经网络（Feed Forward Neural Networks，FF 或 FFNN）是目前应用领域最广、结构最简单的神经网络，能够有效帮助机器实现自我迭代。前馈神经网络由三个基本层面构成，分别是输入层、隐藏层和输出层，担任着收集信息、计算信息和输出计算结果的功能（图1）。由于前馈是在学习前主动设置目标，机器便可以根据预先设置好的目标进行自我训练。

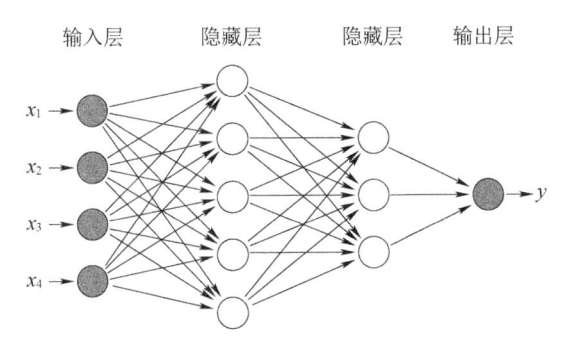

图1 前馈神经网络的三个基本层面

前馈神经网络的结构设计方法有三种：直接定型、定向修剪和自然生长。对于编辑而言，排版校对的能力往往在学校课堂或编校中心培养，这种培养方式与前馈神经网络的直接定型结构设计方法有异曲同工之处，即通过设定目标完成学习。然而，这种被动的学习方式难以与时俱进，目标设定的上限往往就是编辑能力的上限，被动的信息输入只会产出合格的决策，难以满足人民日益增长的对于优质出版物的需求。而修剪法要求机器具备较大体量的数据，即对机器学习的方向进行引导的前提是机器已经学习了大量数据。然而，刚刚入行的编辑存在着知识薄弱、经验不足的特点，这对于新人编辑来说并不现实。

式（1）单前馈神经网络运行模式是前馈神经网络最基本的运行模式，其中 $x=\{x_1, x_2, \cdots, x_n\}$ 是该模型的输入值，$w_{j,i}$ 是从输入层到输出层的连接权，y_j ($j=1, 2, \cdots, m$) 是该模型的输出结果。然而，担任处理与连接功能的隐藏层在人工智能中存在 n 个而非一个，这就表明主动的信息输入经由隐藏层会产生不同的计算结果，也就是说，人工智能的自我学习是多元、广泛且互相连接的。因此，自然生长法是人工智能实现深度学习最合适的模型设计方法，也更加符合编辑人才培养的逻辑，即通过自组织的机械化特点不断进行主动的认识过程与数据的叠加过程实现主动学习，通过不断试错自主修剪学习方向，最终让编辑自身成为AI。

$$s_j = \sum_{i=1}^{n} w_{j,i} x_i - \theta_j$$
$$y_j = f(s_j) = \begin{cases} 1 & (s_j \leqslant 0) \\ 0 & (s_j < 0) \end{cases} \quad (1)$$

二、边界重构：从"胡乔木假设"到"人机共生"

（一）划清学科边界，标齐人才培养方向

人工智能虽然高度赋能，但人工智能设备运行的前提就是明确的边界。比如阿尔法围棋（AlphaGo）只能在 19×19 的棋盘中与人脑博弈，一旦超出这个边界，人工智能就无法运行。因此，人工智能时代清晰的边界思维是培养编辑人才的基础。

李频教授曾提出过一个"胡乔木假设"，意在通过假设来探讨出版学的边界以及出版学与传播学的关系。结果证明，出版学学科发展的历史约束促成、放大了出版制度设计中的有限理性，出版制度设计中知识资源的缺乏严重影响了出版制度绩效。这导致在编辑出版学的本科培养中，学生难以对出版形成清晰的概念。在研究生阶段，入学考试缺乏大量的理论考查，薄弱的理论功底不利于学生从事科研工作。

编辑出版人才培养过程中所面临的首要问题是出版观念与出版导向问题，这是前提和根本。出版学的教育也缺乏足够清晰的边界。编辑经常被

当作"杂家",这是由编辑工作的工具性与实践性导致的。在高校中学习出版,除了学习编辑技能,还要学习传播学、市场营销学、广告学、公关学等诸多课程,课程体系与经济学和传播学的边界不够清晰,如此开放而模糊的边界会导致学生处于混沌的状态中消磨课时。因此,从人工智能角度去思考编辑人才培养的方式,就是要从各个领域划分出清晰的边界,将其他学科的部分知识融合到出版教育中,而非原封不动做课程的加法。

对于人工智能而言,只有被标注的数据才会成为值得处理的数据。而这种标注,就成为人工智能的学习边界。找到出版的边界首先要找到出版学与其他学科的知识边界,标清出版学与传播学、经济学等学科的交叉部分。传播学的"5W"研究法,非常适合分析读者、出版物、作者、出版社、编辑、渠道等方面的问题。就目前的教科书而言,《编辑学概论》与《出版学概论》也只是对于编辑出版学科本身知识进行阐述,并没有将其他学科知识融入出版学中标清边界。如果不对学科知识进行标注,那么学生也找不到提升自身理论水平与知识储备的途径,知识量也许会因为教学课时的增长而增加,但难以转化为有效知识。

聂震宁先生说,越是信息海量的时代,越是出版传播网络化时代,越需要善经营、懂管理的新闻出版家,越需要真敬业的新闻出版家。懂经营、懂管理、真敬业,其实也是出版学要成为一级学科所思考的问题,也是出版学的技术边界、商业边界和法律边界到底在哪儿的问题。技术边界是指编辑需要掌握的技能不能局限于修图排版等简单技术的应用,而是要用数据抓取、云端协作或机器人编辑程序来解放自己的时间服务读者。商业边界就是指编辑要衡量好经济效益和社会效益的平衡,要坚持社会效益的第一性,坚决防止商业主义抬头。法律边界是指在选题策划时要严谨遵守民法、著作权里有关出版的内容,在组稿时要与著作权人签订出版合同维护双方权益,在编辑加工过程中坚守红线,保证出版作品的真实性与科学性。然而这些知识在本科的出版学教学中体现得不够深入,就难免会给用人单位留下不够专业的刻板印象。

虽然编辑构筑的是精神世界,但是离不开实践的参与,找到边界是培养编辑人才需要标齐的方向,只有确定人才培养的方向,才能够让其更好地参与到学习中,这是由编辑的职业需求所决定的。出版传播应用型学科的性质与特点,决定它必须同行业发展的实际紧密相连。在人工智能对于出版行业的冲击下,重构人机边界、促进人际协同发展便成为题中之义。

(二)重构人机边界,谨防技术异化

人工智能之父马文·明斯基认为,没有心智社会就没有智能,大脑中不具备思维的微小单元可以组成各种思维——意识、精神活动、常识、思维、智能、自我,最终形成"统一的智慧",即智能组合的心智社会。这与梅塞尼的技术哲学不谋而合,人创造技术、掌握技术并控制技术。但当技术发展到一定的程度,就会形成独立于脑外的"心智社会"。人工智能技术的确可以促进生产力的进步,尤其可以保证长时间工作的客观性与精确性。但是,若人工智能入侵以人为本的边界之后,带来的后果会更加严重。

脸书(Facebook)的新闻"Trending"版块因具有鲜明的政治倾向被长期诟病,为此,扎克伯格解雇了新闻版块的所有合同工编辑,将原先工作交由人工智能代替。不久,机器人程序就向数百万用户推送了一条假新闻,称福克斯(FOX)电视台解雇了一名主持人,并称她为"骗子"。虽然人工智能有效地避免了用户的好恶偏向,保持内容倾斜度的相对客观,但是人工智能并不具备判断信源可信度的能力。风波过后,脸书的算法工程师表示,2017年在算法推荐的50篇文章中,真实新闻只占到其中的40%,而且来源并不权威。

福柯在其知识观中提到,理性要借助于隐藏在自身中的癫狂这股秘密活力来获取胜利,癫狂是理性本质中不可或缺的片刻显现,是理性最危险和最锐利的工具。如果放在人工智能时代,人性就等于理性,癫狂就是人工智能。当前人类面临的风险不是超智能机器的出现,而是低智能人的出现。在金字塔或纺锤状的社会结构里，人工智能会被广泛应用在非高端的创意策划、文化传播领域，这就会带来大量传媒工作者与创意人员失业，在引发社会问题的同时也令文化陷入智能工业的禁锢中，丧失掉如米德所说的"整个人类社会发展的活力"。

人本主义要对人工智能负责，需要为人工智能匡正边界。在编辑人才的培养上也应如此，要保证人本主义对于技术的相对优势，才能够促进人机共生。为此，要用三个维度来重构人机边际。首先，要规定人工智能参与出版行业的广度，即人工智能是否可以参与到图书出版、报刊出版、音像制品出版、电子出版物出版、数字出版、印刷复制、出版物发行、出版物进口以及版权贸易等细分领域。其次，要划定人工智能在出版行业的宽度，人工与机器的分工比重如何。最后，就是圈定人工智能参与出版行业的深度，在符号价值、美学价值、道德价值、商业价值与历史价值里，人工编辑的责任是什么，是否要为人工智能带来的技术后果负责。归根结底，人工智能体现的是人类社会的主流价值与技术自身逻辑之间的矛盾，限制人工智能的滥用才是人机边界的"底线"。为此，要让公益精神与社会担当作为人工智能时代编辑人才培养的精神内核。

三、精神内核：公益精神与社会担当

人工智能技术的出现虽然对出版业的创新发展起到了积极的推动作用，但出版及文化传播活动不能脱离价值认同和伦理道德这个精神内核。约瑟夫·斯特劳巴哈和罗伯特·拉罗斯在《今日媒介：信息时代的传播媒介》中提出：媒介伦理……主要围绕着准确性或真实、公平与处置责任，以及媒体主体的隐私。如硬币两面，人工智能也造成了巨大的伦理困境。人工智能会通过大数据精准测绘用户的侧面像，了解用户的痛点、痒点和爽点，与之对应的是，如今人们的关注点充满了感情色彩与二元对立，因此，依靠数据噪点而推送的新闻都充满着不实字眼，这样由智能写作机器人撰写的稿件组成的拟态环境就会让受众对此信以为真，从而产生信息的真实性断层。片面利用用户爽点制造爆款骗取流量，对社会效益视若无睹的文章屡禁不绝，对社会文化正方向发展造成了巨大危害。此外，正如麦克卢汉所言，媒介的发达对应着人的堕落，人工智能在取代部分人脑的功能，势必会带来编辑部分能力的退化。不论是大数据带来的数据迷思，还是算法与机器人写作的技术黑箱，背后都离不开技术的设计者——作为编辑的把关人。新闻与内容生产进入后真相时代，人工编辑与人工智能的结合，将会成为未来新闻传播内容把关的主要形态，传统的编辑把关角色面临着挑战。依靠人工智能作为把关人并不可靠，因为人工智能并不存在社会责任意识。

人工智能是依靠数据运行并以数据存在为前提的，目的是解放人力，因此这种技术的第一目的就是提高生产效率以增加商业效益。人工智能对出版行业的介入程度在不断加深，但是用机器去解决机器产生的问题并不可靠，这就意味着人工编辑的地位不容机器撼动，坚持正确出版导向的极端正确性关键还在于人。

编辑是内容质量的把关人，也是意识形态的守门员。编辑工作是文化与大众的桥梁，也是党性和人民性的统一。重视公益精神与社会责任，是培养编辑人才不可缺失的环节。出版行业的公益精神体现在公益出版上，公益出版是新闻出版公共服务体系的重要组成部分，是出版行业履行社会责任的表现形式之一，既繁荣了出版市场，又在中华民族优秀文化传承中起到了中流砥柱的作用。然而现阶段公益出版得到的注意力明显不足，在大学教育阶段提起的次数少之又少。心理学家扎伊翁茨在他的实验中得到结论，如果对实验对象进行频繁而复杂的刺激，就可以使实验对象朝着对实验者有利的方向发展。那么，如果在实际教学中不断强调公益出版的社会价值，就会诞生更多充满社会责任感的好编辑，真正做到出版为人民服务，为文化服务，为社会服务。

为此，我们在进行编辑人才的培养时，要注重社会责任与人本主义理念的灌输。按照技术中性论来说，技术取得什么样的后果完全在于发明和控制技术的人。如何设置算法阈值避免信息茧房，如何兼顾信息的时效性与真实性，如何用高质量的内容满足受众的长尾需求，就要求作为把关人的编辑在理解人工智能的基础上，加强把关意识与社会责任感，不断对出版人工智能的前进方向进行修正。

当前，在出版行业的融合发展背景下，人才问题将是第一位的问题。有了人才才会有出版，有了新型人才，才会有新型的出版，才会有整个行业的创新发展。为此，把握好学科建设机遇，找到学科边界，加强学生在学科教育中的参与度与出版人的责任担当，是人工智能时代编辑人才培养的重中之重。

参考文献

[1] 段弘毅. 我国数字出版人才现状与需求分析[J]. 出版科学, 2017, 25（3）: 19–24.

[2] 殷明, 刘电芝. 身心融合学习: 具身认知及其教育意蕴[J]. 课程·教材·教法, 2015（7）: 57–65.

[3] 周天明. 复合型出版编辑人才的培养[J]. 西部广播电视, 2015（10）: 175–176.

[4] 李频. 论出版学的核心与边界[J]. 陕西师范大学学报（哲学社会科学版）, 2009（4）: 31–41.

[5] 万安伦, 刘浩冰, 庞明慧. 编辑出版人才培养40年: 阶段历程、培养机制及问题挑战[J]. 中国编辑, 2019（1）: 38–43.

[6] 朱音. 韬奋精神与出版人才培养高峰论坛在京举行[J]. 中国出版, 2015（24）: 67.

[7] 张养志. 出版传播类学科建设与研究生教育研究[J]. 现代出版, 2011（3）: 67–70.

[8] 马文·明斯基. 心智社会: 从细胞到人工智能, 人类思维的优雅解读 [M]. 任楠, 译. 北京: 机械工业出版社, 2016.

[9] 江畅. 核心价值观的合理性与道义性社会认同[J]. 中国社会科学, 2018（4）: 4–23.

[10] 张炯. 人工智能时代的出版伦理博弈及编辑伦理价值观[J]. 中国编辑，2019（2）：24–28.

[11] 何慧敏. 人工智能时代新闻内容分发中的媒介伦理问题研究[J]. 新媒体研究，2019，5（21）：4–8.

[12] 杨柳. 智能媒体时代编辑角色的消解与重构[J]. 中国编辑，2018（12）：33–37.

[13] 高铭坚. 跨界合作——公益出版的新机遇[J]. 新闻研究导刊，2018，9（4）：214–215.

[14] 聂震宁. "互联网+"时代的出版人才思维[J]. 现代出版，2017（4）：7–11.

美食短视频的符号构建与文化撒播
——以李子柒为例

王佳恋

（北京印刷学院）

【摘　要】随着网络技术的发展以及移动终端的普及，以李子柒为代表的美食短视频在文化与信息交流模式上，逐渐呈现出一种"撒播"的特点。视频中的非语言符号对田园生活的文化价值进行解读的同时，也完成了自身意义的构建。在视频的整个生产过程中，主体参与更加趋向多元化与开放化，内容的呈现围绕个体情感与独立特征开展，以及叙事角度的碎片化、大众化，增强了文化撒播的互通性与渗透力。同时，我们也应该注意在媒介化过程中交流真实性的问题。

【关键词】互联网；美食短视频；符号构建；文化撒播；李子柒

中国互联网络信息中心（CNNIC）发布的第47次《中国互联网络发展状况统计报告》显示，截至2020年12月，短视频用户规模达8.73亿，占网民整体的88.3%。短视频在为用户提供信息内容的同时，也在重塑着这些元素在互联网时代下的符号价值和象征意义。尤其是在国际传播范围中，随着信息交流模式、社会语言环境的转变，中国大众文化如何通过符号载体，实现真正意义上的"撒播"，提高自身的影响力和社会价值，便捷交流，是当前我们需要重点关注的问题。

2016年，网络播主李子柒在国内外网络平台陆续发布美食短视频，在微博、B站的同类作品中拥有着超高人气，在国外YouTube视频平台也吸引了几百万来自不同国家和地区的粉丝，被国内外相关媒体广泛报道，成为推动中国大众文化对外交流和传播的新形式。本文通过对李子柒视频中的符号意义进行构建与解读，为我国大众文化传播开拓路径提供可行性建议。

一、李子柒短视频内容的符号构建与解读

从符号学角度对李子柒视频中的文化价值进行研究，可以对整个视频所展示的美学特征和情感共鸣有一个较为清晰的理解。关于文化撒播的多重表现形式，可以通过食物、服饰、环境布置等物态形式体现出来，也可以以一种行为规范、道德意识得到观众的认可。在李子柒的美食视频中，具有地域特征的语言表达较少，主要是通过画面、音乐、情感与观众进行沟通。这些符号在突破语言桎梏的情况下，为观看者构建起了不同的生活场景，并使观众可以沉浸其中，专注于视频内容，进而实现价值输出与文化撒播。

（一）食物

在李子柒的系列视频中，食物已经超越了其本身的功能意义，而是作为一种象征符号，向受众们传达中国人的饮食习惯和生活文化。通过画面展示，我们可以看出视频中的食物主要具有以下特点。

1. 绿色健康

在视频开头，各种食材的来源都会有所交代，大部分是到山中直接采集的野生蔬菜、水果，或者是自家种植的食材和养殖的家禽，很少有市面上的加工产品出现。另外，通过延迟摄影记录食物（如大豆）的成熟全过程，展现了作物的种植环境和生长特点，因此给各位受众构建起了绿色健康的印象。

2. 食材丰富

李子柒的视频拍摄地位于我国四川绵阳的一个小山村，由于得天独厚的地理环境和气候优势，农作物生长较快、种类丰富，从李子柒的视频中我们可以看到各种各样的时令蔬菜水果。

3. 自然生长

位于群山之中的乡村地区虽然比较落后，但是也正因如此，地理风光和自然环境保存较完整，带给人一种"日出而作，日落而息"的原始生命力。除了自家后院种植的蔬菜水果和养殖的家禽，自然生长的野生植物也是视频中美食的重要原材料。

4. 色香味俱全

首先，在画面构图上，采用微距镜头，进行特写拍摄，突出食物完整性，让受众的目光可以聚焦食物质感，虚化背景。其次，视频涵盖了美食制作的所有环节，即选材、加工、烹饪、出锅、装饰、品尝的全过程，增强了观众的代入感，生活气息让人们寄托在食物中的情感得以具象、升华。最后，视频中的菜品多为味浓油重的川菜，色泽鲜艳协调，配菜主次分明，摆盘精巧美观，从视觉层面激发观看者的食欲。

（二）音乐

听觉语言通过长期的使用、发展与演变，成为承载主体情感和信息内容的听觉符号，通过正确使用可以起到引导情绪、营造氛围的作用。

1. 背景音乐

李子柒视频中的背景音乐曲调悠扬、流转舒缓，以古琴、笛子、古筝、琵琶、钢琴为主要伴奏乐器，契合了乡村慢节奏的生活和自然古朴的环境，符合"古风美食"的定位。

2. 同期声音

整个视频将周围环境、人物交流、烹饪美食以及劳动时的声音都进行了录入,最大程度上对乡村生活进行了真实呈现,拉近了视频与受众之间的距离。

(三)服饰

视频中的人物以李子柒为中心,其日常出镜服饰的类型有中式披风、旗袍、盘扣外套、棉麻布衣、束脚裤、平底布鞋等,这些服饰能够代表独特的东方气质,而且宽松粗糙的棉麻布衣也便于行动,符合李子柒"勤劳""质朴"的人物个性。

服装颜色以简洁的冷色调为主,如墨蓝色、铁锈红、白色,更显端庄洁净、随性自然,容易引发受众对美好人物的向往。另外,红色在李子柒的服饰中是十分特别的存在,既能够代表中国的传统特色,又能够与平时淡雅的形象形成对比,增强视觉和感情渲染力。

(四)环境

通过镜头展示,我们可以看到视频中拍摄到的环境可以分为院内环境与院外自然环境,两者的符号化过程中代表着不同的意义赋予。

首先,院内环境最为显著的特点体现在人文景观。通过视频可以发现,从整体的院内布局、房屋装饰、家居用品,到洗漱用品、餐具炊具等细节,都出自李子柒之手。院落的淳朴风格、整洁的画面构图都有助于受众构建关于李子柒的人物认知,形成"自律、美丽、心灵手巧"的"仙女"形象。

其次,外部自然环境的符号化也是一个不断完善、挖掘的过程。随着拍摄经验的积累以及设备的改进,后期视频中的镜头逐步打磨、精进,通过全景与特写、远距与微距相结合的方式,可以为受众呈现更多令人震撼的画面。视频在自然环境表达上,常常采用大面积的冷色调,带给人宁静、清凉的感觉,经过暖色调的点缀,形成一种如诗如画的唯美感。

二、视频主体参与的多元化与开放化

彼得斯对于苏格拉底的交流观进行了描述,即"盲目的撒播是不好的，只有亲密对话或将内容和听众完美匹配起来的谨慎修辞才是好的。不适合听众的讲演（作为一种胡乱的撒播）会带来危险的'收获'"。然而在互联网时代去中心的思维模式下，这种带有精英主义的对等交流方式似乎不再能够大规模适用。彼得斯最后所倡导的"我们的任务是手拉手，要让别人感受到关爱，而并不需要完完本本地再现自我"，在多数情况下只能成为乌托邦式的憧憬，由于空间、时间的限制，我们无法摆脱"屏"和"媒体"的协助而做到真正的面对面交流，这也是我们需要反思的问题。

短视频制作门槛的降低，使大量用户不断涌入，每个个体都可以自由地发出声音，都可以成为视频制作的参与者与评判者。以传播者为中心的对话模式，逐渐被以受传者为中心的撒播模式所代替，短视频作品主体逐渐向多元融合转变，大众的审美价值与精神需求成为整个行业的风向标。因此，找准"听众"的兴趣所在，对于短视频内容的生产有着不可忽视的作用。

李子柒短视频的诞生，也体现出了多元主体渗透、协作、互动的结果：在前期的制作过程中，整个视频的选题定位、脚本设计、场景选择、现实拍摄、后期制作等，都需要李子柒与其团队人员进行整理配合，甚至前期的选题也正是社会全体决策的结果。在上传过程中需要相关平台人员的审核检查。在视频呈现过程中，各类粉丝将会参与到视频内容的讨论中，在传播者（视频发布者）和受众、受众与受众之间形成关注、评论、留言、转发、点赞的主体联系。在视频发布的后期，虽然各个主体之间的交流频率有所下降，但是依赖于长尾效应，围绕该视频形成的讨论和口碑热度仍会延续，直到下一期视频继续沿此路径循环重复。因此，多元主体通过"面对面"或"借助媒介"的方式实现了一种在场和参与场域。

三、视频内容的个性化趋势

"个体化"理论表达了随着现代性进程的加快，社会也进入了一个思想多元、视角冲突、理论纷呈的后现代性的观点，个人作为社会关系体系中的一个基本单元，其独立性、独特性和主体性日益得到显示和表达。在这种社会语境下，区别于传统的群像视频，短视频更关注个体的日常兴趣、生活和情绪流露，并通过镜头进行主观态度的观点输出，从而视频呈现的内容拥有情绪化、差异化与去中心化的倾向。

（一）表演个体的情绪化渲染

在推崇人性化、自由化的后现代主义思潮的影响下，每次成功的文化撒播与输出，都必然有着强烈的情绪和精神内核。亚里士多德在《修辞学》中提出了修辞学三要素：其一，"情感诉求"是指通过调动听众情感（情绪渲染）以产生说服的效力，即"动之以情"；其二，"人品诉求"即主体对听众具有感召力的人格，并以此来影响听众的决定；其三，"理性诉求"即采取理性说服方式，用事实说话，让受众产生震撼。

李子柒在视频中作为表演者，对于整体情感的走向具有把控能力。虽然视频的整体节奏舒缓、画面简单，但是其中蕴含的情绪是非常鲜明且饱满的。尤其是在现实生活的各种压力下，视频中蕴含的有关自然环境、田园生活、朴素劳动、祖辈亲情以及传统文化的情感回归，恰恰满足了大众的精神需求，并对人们关于乡村生活的刻板印象与认知缺失起到了补充作用。另外，"李子柒"这一人物性格的塑造也非常生动，随着系列短视频的展现，一位美丽、勤劳、独立、优秀的女性形象呼之欲出。

（二）受众个体的差异化理解

本雅明认为"光晕"理论的特征之一便是不可接近性和膜拜性，即距离感，受众既要与对象保持一定的距离，又要设身处地，才能感受到其吸引力与独一无二。可以发现，李子柒视频中很少有语言交流，而且拍摄的自然景观也被粉丝称为"世外桃源"。由于缺少互动性，视频主体容易和受众产生距离感。但是由于作品中的优质内容和主题，尤其是在当下快节奏的生活中，绝大多数人都对田园式生活心驰神往，从而形成大批的核心观众和忠实粉丝。

在以上情况下，视频内容更倾向于作为一种表演性质的作品在大众面前进行撒播，而不是采用互动交流的形式对受众强行传达某种观点。受众作为一个独立的场域，对于内容的理解会基于自身的生活经验，形成千差万别的解读结果。也正如彼得斯在对观福音中的撒播进行解读时提出，"听话者需要自己承担解读内容的责任，听话者有责任无须说话者的帮助，自行闭合这个交流的环路"。

这一特征非常明显地体现在，李子柒的视频在国内和国外产生了大相径庭的舆论态度。国内部分受众认为这是一种"伪田园风"，输出的只是国人幻想。而国外网民则将注意力集中于视频的内容，重视其展现的美学特征与情感共鸣。受众个体间的价值标准差异，造成了交流与传播中的分歧。

四、叙事角度的碎片化和大众化

（一）叙事与受众的碎片化

随着互联网技术和新媒体的崛起，大众接触到的信息变得极其丰富而分散，内容的叙事方式也逐渐碎片化。短视频在这一社会环境下应运而生。当下，业界并没有对短视频进行精准定义，时长一般是几秒到几分钟不等，但短视频并不仅仅是指时间的长短，还有受众碎片化的行为与消费习惯。

李子柒的每期视频都会选取一个特定的主题或一种特定的食材作为切入点，并围绕这一食材进行加工和烹饪。而中国乡村传统饮食文化也在多个单元式、碎片化的短视频中得以整合、汇聚，呈现在受众面前。另外，每期视频时长控制在十分钟左右，以便于用户在碎片化的空余时间里快速浏览、分享和传播。

（二）话语表达的大众化

利用短视频的形式，对中国传统文化内涵进行解构和通俗化表达，更符合大众的认知水平和阅读习惯。当下短视频越来越成为一种即时消费品，受众的兴趣与注意力转瞬即逝，贴近生活、轻松有趣、易理解的内容更能成为关注的焦点。

李子柒视频展现的画面虽然只是平淡的乡村生活、简单的烹饪技巧，但是在这背后实则蕴含了某些复杂的社会现象。例如，中国传统文化传播面临的困境、物质需求与精神需求的冲突以及关于女性形象的争议与塑造等话题。视频借助"美食"这一贴近大众日常生活的主题，将相对严肃、高层次的话题进行了通俗化处理，并借助视听结合的形式进行了媒体化展现，从而对大众认知产生了一定的影响。

五、短视频的发展趋势与文化撒播的反思

彼得斯认为人类的交流永远都会有鸿沟，"'交流'是盘根错节的思想和文化问题，它反映着我们这个时代与其自身的冲突。要弄清交流的意义，就意味着我们不能浅尝辄止，而是要去了解更多"。李子柒美食短视频的走红虽然仅仅是文化生产中一个琐碎的点，但这无疑为网络时代的文化撒播提供了一个可供参考的范式，即面向广大受众，增强内容的社会价值，强调表达方式的通俗处理，为"观看者"重塑认知标准，进而增强了文化撒播的互通性与渗透力。

然而我们无法忽视的是，短视频的对外传播仍面临一些困境，尤其是在多元的国际环境下，由于文化语境的差异，国际社会对中国文化符号的误解扭曲与刻板印象；讲述方式生硬、缺乏说服力造成受众接受度下降；

传播渠道和传播主体的单一化等问题仍然存在。另外，在大量美食短视频的精致场景构建下，人们对于现实的感知逻辑在逐渐淡化，幻想与现实之间的界限也在模糊，这也是有些人质疑李子柒视频的关键所在，即认为在这种田园风的伪装下，文化输出的只是人们的幻想。

"我们互相接触最美妙的境界，是自由的撒播而不是痛苦的融合共享。"面对短视频媒介的包围和各种信息的压迫，关注交流的真实性成为我们不可忽视的关键问题。如何让交流成为可能？如何让交流回归真实？最为首要的便是我们必须回归实践，用"手拉手"的方式来重塑这个媒介化的世界。

参考文献

[1] CNNIC 发布第 47 次《中国互联网络发展状况统计报告》[EB/OL].（2021–02–03）[2021–04–10]. http://www.gov.cn/xinwen/2021/02/03/content_5584518.htm.

[2] 约翰·杜翰姆·彼得斯. 对空言说：传播的观念史[M]. 邓建国，译. 上海：上海译文出版社，2017：3，46，67，76.

[3] 解彩霞. 个体化：理论谱系及国家实践——兼论现代性进程中个体与社会关系的变迁[J]. 青海社会科学，2018（1）：111–117.

[4] 瓦尔特·本雅明. 机械复制时代的艺术作品[M]. 王才勇，译. 北京：中国城市出版社，2002：169.

[5] 黄莉莉. 消费文化语境下美食类短视频的符号意义建构——以"李子柒"为例[J]. 新媒体研究，2019，5（7）：117–119.

[6] 程馨媛. 符号学视阈下中国文化对外传播的策略研究[J]. 新闻传播，2018（23）：49–50.

[7] 唐梦林. 美食类短视频的内容特征及存在的问题[J]. 青年记者，2018（2）：90–91.

[8] 张颐武. 文化传播需要更多李子柒[N]. 环球时报，2019–12–09（015）.

[9] 葛勇，黄月丽. 从"对话"到"撒播"：谈话类节目中交流的新趋势[J]. 中国电视，2018（7）：80–82.

[10] Xin Gao. Opportunities and Challenges of Mobile Short Video in We–Media Era[C]. Proceedings of the 2018 4th International Conference on Economics，Social Science，Arts，Education and Management Engineering（ESSAEME 2018），2018.

[11] Yang Yan. Research on Short Video Production and Propagation Path in New Media Environment[C]. Proceedings of 2019，International Conference on Education，Economics，Humanities and Social Sciences（ICEEHSS 2019），2019.

论大规模在线教育情境下新闻传播教育的应对模式

龚媛媛

（北京印刷学院）

【摘　要】 新冠肺炎疫情暴发后，全国教育界迎来了一次线上教育变革，在《教育部关于加强高等学校在线开放课程建设应用与管理的意见》指导下，新闻传播教育的应对模式需要进一步明晰。规划新闻出版教育发展新方向，制定新闻传播人才培养新目标，探索新闻传播教育新路径，是大规模在线教育情境下进行新闻传播教育变革的必然选择，也是促进传播人才培养体系优化发展的必由之路。

【关键词】 在线教育；新闻传播教育；应对模式

2020年年初，一场席卷全球的新冠肺炎疫情，给中国的教育界带来了一次在线教育大考。在教育部"停课不停学"的号召下，各类学校开始全面探索在线教学。对于新闻传播教育界而言，虽然已有个别高校制作了一些线上课程，也有极少数课程被评为国家精品在线课程，但是面对如此大规模的教育情境，不论是高校还是教师，仍然准备不足，特别是在教育理念、管理机制、发展结构、评价体系等方面存在很多问题。

具体来看，一是线上教育资源严重不足，专业课程体系不够健全，理论课程和实践课程之间的发展比例极不均衡；二是新闻传播在线教育效果不佳，现有的在线课程以录播课程为主，课程内容陈旧，教学方法和情境照搬线下课堂，无法产生教学相长的场景化共鸣；三是新闻传播教育向社会普及的程度不够，疫情的各类谣言和不实信息散播，民众及官员的媒介素养亟待提高。

如何突破和解决这些问题，不仅是当下疫情期间需要思考和应对的现实问题，也是未来疫情结束后新闻传播教育者需要继续探讨的改革新闻传播教育的关键问题。

近年来，政府部门陆续颁布了《教育信息化十年发展规划（2011—2020年）》《教育部关于加强高等学校在线开放课程建设应用与管理的意见》《教育信息化"十三五"规划》及《教育信息化 2.0 行动计划》等文件，表明信息化教学改革和在线课程建设已经是未来教育改革发展的新方向。而在媒介融合不断深入、行业生态快速变化的今天，我们更需要明确方向，在教学方式、教学平台、教师队伍等方面进行系统性变革。

一、教学方式多样化

受疫情影响的大规模在线教育情境也许是暂时的，但是随着大数据、人工智能、5G 应用的迅速发展，教育生态将发生巨变。当以传统形式开展教学的班级教学不再是知识习得的唯一方式，在虚拟网络的教师和学生之间，主客体的区分将被重新考量，教师和学习者的身份与角色已然走向颠覆。教学学生变得更加活跃和投入，学生可以吸取知识，甚至是生产知识；教师也不再仅是传递信息的中枢，而是超越分配信息的功能范畴，成为信息时代知识的促进者。

在原先固定的教学场景、教学模式、组织形式被颠覆和改变的情境下，对于教学组织和管理者而言，要将单向的线性教学思维转变为基于庞大社会网络教学的互联网思维。具体而言，一是要向现有的 Coursera、edX、中国"慕课"、学堂在线等在线教育平台取法，确保教学流程标准化。教师在备课时做好各类准备工作，如设计教学大纲、录制教学视频、在平台上开设课程、组织好教学团队及技术支持团队等，结合大数据技术，以学生对视频内容节点的回放频次作为判断学习难点的依据，从而反哺课程设计，提升教学质量，促进学生的知识吸收。二是借鉴各类知识付费平台的教学管理模式，从教学工具上把关学生的学习成果，推出课中、课后客观题即时问答环节，以及作业自动批改功能，帮助教师从繁重的教务中解放出来，从而把更多的精力投入有价值的教学内容产出上。例如，"阅课网"支持教学视频的重复编辑，课件修改和自剪辑，极大提升教研效率；"荔枝微课"的录播课程+教师在线同步答疑，以及学生笔记共享功能也能优化在线课程的使用体验。

对于教师而言，要抓住学生个性特点，因材施教。一是可以在线上课程中引入弹幕功能，提升交互感，模拟众多学员同时在线的在场感，学员评论区的即时提问也可同步播放，并且支持单条弹幕内容的点赞，以共情消弭学员遇到同样知识难点的畏惧心理。二是可以将学生的课程体系编排为积分解锁制，课后随机匹配问答，类似于闯关游戏，让学生答题累计积分得以进入下一课程学习。三是可以学习"分答"独特的"偷听"功能，设计学习圈模块，围绕课程相关问题提出疑问，贡献回答可获得积分，还可以利用分组开启对战模式，提升课堂互动和竞争，产生激励性的正反馈，从而营造良好的学习氛围，搭建智慧教学生态。四是可以引入虚拟现实、增强现实等教学元素，超越传统课程边际，切实体会互联网和数字技术的无限性与开放性。目前，在国外，谷歌的 VR、AR 教育产品 Google Expeditions 允许教师引导学生浏览 360°场景和 3D 对象，并智能显示学生的兴趣点，让学生和教师在超越现实的虚拟环境中交互，体验无法用简单的图文或者视频构造的情景，开展拥有沉浸性、交互性、构想性的线上教学模式。

（一）课程资源共享化

要加强高校间优质课程共享及开放，构建促进教育公平的长效机制。

从当下MOOC在中国高校的发展状况来看，大有走向SPOC模式的趋势，即小规模限制性在线课程，且多选用中外合作、校际联合的形式展开。从在线课程参与方来看，"双一流"高校竞相加入，强强联合，而经费有限、优质师资贫乏的省属、市属普通高校将被边缘化，随着在线教育的普及与扩张，"马太效应"在高校间将逐步凸显，从而出现教育资源配置失衡的状况。

首先，全国新闻传播领军高校应利用各种教指委、行业协会平台积极协商，尽快调研全网优质通识课和实践课，构建新闻传播学知识图谱，形成优质资源课程资源库，进一步打通新闻传播强校与弱校的课程共享渠道，降低精品课程的准入门槛，使得知识源泉充分涌流。

其次，各高校应加大对线上课程的投入，鼓励更多高校投身国家精品课程平台建设，分梯度完善课程体系设计，推出一系列短小精悍、资源多样、情境真实、使用方便的微课，符合信息时代发展，符合用户信息接收方式，使资源的共享更能触达各个角落。

最后，可以建立线上融媒实验室，将不同学校、不同学科背景的学生相互匹配，协同作业，开阔眼界，以自主学习的方式突破学科边界，提升新闻传播学科的适应力。

（二）课程内容国际化

我们不仅要打造一套行之有效、资源共享的优质在线课程，还要向打造国际化的在线课程目标进一步发展。

首先，我们应借鉴国际一流新闻学院在线教育实践的成功经验，于世界新闻传播教育之林中博采众长，小到课程体系、教学安排，大到国际化传媒人才培养方案，探寻其中可取的成功路径。例如，密苏里大学新闻学院、哥伦比亚大学、杜克大学、阿姆斯特丹大学等已经形成了较为完整的面向全球开放的线上课程体系，阿姆斯特丹大学罗格·格拉夫（Rutger Graaf）教授在Coursera平台上开设的课程"Introduction to Communication

Science"和华盛顿大学马特·格瑞特(Matt McGarrity)教授在 edX 平台上开设的课程"Introduction of Public Speaking"都是值得深入学习的对标范本。

其次,我们应当围绕"一带一路"等国家政策,创新人才培养模式,以"造船出海"的形式改变目前线上教育课程逆差较大的局面。我们可以与"一带一路"沿线各国特别是第三世界国家共建新闻传播特色高校,共建线上教育平台,将中国的优质新闻传播课程输送到海外,促进国际间学生的交流合作,提高双方对彼此国家新闻传播体制的认知水平,鼓励师生发起及参与多学科、多国别的互联网学术圆桌会议,拓展学生的国际视野,为新闻传播学的线上教育注入更多的国际化元素,培养出符合新时代需求的新闻传播人才。

二、考核标准多元化

虽然受疫情影响的大规模在线教育是暂时的,但是今后要使新闻传播教育在线课程切实发挥作用,需要在考核机制上下功夫。

首先,通过学分互认、学分打通等方式,构建线上线下学习的学分互认及转换机制,激发学生在线学习的主动性与积极性。有学者提出应考虑组建终身教育研究院,作为国家资历框架、学习成果认证制度、学分银行等制度的政策研究和技术开发机构,构建统一明确的国家在线教育成果认定标准与办法。可以以国内新闻传播强校作为试点,从上至下,从中心到边缘,培养用人单位对在线教育成果的接受度,再利用区块链分布式、去中心化、不可篡改的技术特性,真实记录学生网上学习的动态,为最后的认证结果背书,杜绝学历造假,以学分为计量单位,对在线教育成果进行评估,并纳入教育系统内的学位授予考核标准中,以期在线学习成果能够取得广泛的社会认可。

其次,对于新闻传播教师的评价体系也应跳出以论文和考研成果为主的窠臼，把在线教育的能力水平纳入考评标准，利用大数据、云计算等新兴技术对在线课堂的跳出率、回看率、互动率进行分析，完善学生对教师的评价体系，搭建教育行业的"大众点评"平台，实现在线教育模式下教师职业能力的重塑。

最后，要创新高校教学评估体制，将在线教育成果纳入教学评估和学科评估的考核版图，不断优化教学机构的教育行为及教学质量，联通线上与线下，拓展教育的边界。教育部在组织学科评估时，可以利用互联网技术手段确定评估指标，设计合理的评估权重，重寻评估科学化途径；传统的教学评估属于结果导向性，互联网教育评估则更强调过程意识，倾向于数据的采集、梳理，更能保障评估的客观性。如果将在线教育模块与传统教学评估深度融合，更能体现信息化教学下高校教育能力的提升，进一步推动智慧教学评估的改革。

三、教学目标多元化

面对快速迭代的外部环境，加快专业融合、打破学科壁垒，实现更深层次、多元化的课程融合共享，应为未来新闻传播教学的发展之道。学界和业界的共识是，新时代的新闻传播人才应该是跨学科的复合型人才，但是目前新闻传播人才培养模式略显固化，难以满足需求。当前学科融合是大势所趋，但是传统高校优质的教育资源无法与社会需求有效对接。新闻传播教育不仅能够培养在专业主流媒体中"铁肩担道义"的记者编辑，也应该将新闻传播专业知识与其他学科融合、与社会融合，为社会提供更广泛的新闻传播教育者。

首先，新闻传播教育的首要职责还是培育一批既具有多层次知识结构又善于分析综合信息的全媒型人才。这套新型培养体系分为三个层面：一是掌握融媒体平台的传播特性，能灵活运用多媒体手段进行报道，拥有信息快速整合分发的能力；二是具备全媒体思维，运用互联网理念打通选题策划、内容编辑、制作分发等实战环节；三是具有较强的自学能力，辅修一门非新闻传播学的学科，系统学习该学科的专业课程，能满足未来的职业需求。将一些高校尝试打造的专业特色的做法加以普及和推广，如法律新闻、财经新闻、国际新闻、体育新闻，这些特色专业可以通过在线教育进一步完善培养模式。

其次，除培养新闻媒体所需要的专业人才，也应当为非新闻机构培养公共传播人才。"新闻教育"应该跳出培养"新闻机构人才"的窠臼，将其培养目标从"面向新闻行业培养职业新闻人才"拓展至"面向社会培养对新闻业具有认知、研究和参与精神的人才"。培养目标主要分为三个方面：一是掌握媒体传播特性及规律，知悉各类媒体的优缺点，能选择合适的媒体组合策略；二是具备新闻发布中的传播技巧，在危机沟通中发挥"意见领袖"的功能，抢占舆论制高点；三是秉持新闻专业主义精神，为媒体提供权威准确的信息，将社会效益放在首位，取得公众与媒体的信任。例如，将政府发言人的媒介素养纳入线上新闻传播教育体系中，更好地向人民群众传达决策及相关意见，降低其认知上的盲区，避免出现基础性错误。培养公共传播人才应达到以下三大标准：一是深耕于某一垂直细分领域，具备与公众展开对话的能力，从而保证正确信息的触达率；二是拥有数据可视化的能力，能直观展现事态变化，借助技术手段重塑信息分发流程，提供更好的用户体验；三是恪守传播伦理，以公众利益为出发点，具有批判与辩证思维，共建良好的传播生态，培养出更多的善用媒体发声的专业人士。

最后，在此次疫情背景下，大规模线上教育的启动，是高校新闻传播教育优质资源与公众进行链接的绝佳时机，以往由政府主导的公民媒介素养教育也将借助网络课程这一媒介，将责任权重移交于高校，通过更加专业的媒介教育体系培养具有良好媒介素养的公民，为社会健康媒介生态提供动力源泉。信息时代在革新公民媒介素养上手段多元，因而也描绘出了媒介教育的全新图景，主要分为三个维度：一是将课程布局阵地向社交性媒体迁移，如接入微信视频号、抖音、快手的短视频平台等渠道，扩大与公众的接触面，缩小公众之间的媒介素养差距与信息鸿沟；二是课程形式采用交互式设计，让公众能实际参与媒介内容创作，更好地了解媒介运作机制和信息发布流程，以及媒介构建现实的功能，让公民能够正确解读媒介信息；三是课程内容要素创新化，讲师设置为学界业界的"红人"教师，激发公众学习兴趣，并且将枯燥的专业知识转化为有趣的案例分析，鼓励公众参与媒介创作，掌握更多合理使用媒介的技巧与能力，提升社会公众的认知、视野、格局，最大限度实现终身学习的目标，实现新闻传播教育的普惠性。

四、师资来源多样化

在线教育背景下，新闻传播教师队伍的学缘结构、教学方式、科研素养都亟待提升。目前，根植于移动互联网的自媒体以及各种知识付费平台发展极为迅速，与新闻传播教育相关的在线课程和内容也非常丰富。所以，我们应扩大师资来源，寻找将业界师资与高校对接的有效路径，培养一批既有专业能力又有科研素养的新型教师队伍。

具体而言，一方面，可以与今日头条、腾讯、刺猬公社等媒体机构进行校企合作，聘用一线媒体从业者在线输出最前沿的实战经验，以 PGC 方式产出课程，各大高校可以打造一批非新闻传播学出身的师资力量，以课程辅修的形式任学生选择，弥补新闻传播教学中高校现有教师实践能力不足的痛点问题；另一方面，要鼓励学界名师投身在线教育，培育面向互联网的学科带头人，向大众传播新闻传播专业知识，以 OGC 标准产出课程，扩充一批具有互联网思维、科研能力过硬的网络名师，以此激发新闻传播专业教师队伍的活力。

五、结语

在全球新冠肺炎疫情还远未结束的当下,新闻传播教育者应站在时代的路口,重新审视新闻传播学科的发展和未来规划,以行业需求为导向,积极推动线上整体课程创新。我们需要进一步厘清在线教育情境下,新闻传播学专业知识的生产方式、组织方式、管理方式和传播方式及其相互关系,构建新闻传播专业知识向大众普及的路径。

通过革新新闻传播教育的理念、升级教学管理体系、构建新闻传播知识体系图谱,以及激发人才和组织机构的创新活力,应对大规模在线教育带来的诸多挑战,打造有中国特色的、符合新时代要求的新闻传播教育。

参考文献

[1] 郑庆华,董博,钱步月,等. 智慧教育研究现状与发展趋势[J]. 计算机研究与发展,2019(1).

[2] 王海东. 学习成果认证制度的构成要素与建设路径[J]. 中国职业技术教育,2018(27).

[3] 杨萌芽. 新时代新闻传播学人才培养的机遇与挑战[J]. 新闻与传播研究,2018(S1).

[4] 张志安. 从新闻传播到公共传播——关于新闻传播教育范式转型的思考[J]. 暨南学报(哲学社会科学版),2016(3).

环境传播视域下自然类纪录片的叙事创新策略分析
——以《七个世界 一个星球》为例

兰凤莲

（北京印刷学院）

【摘　要】《七个世界　一个星球》(Seven Worlds　One Planet)于2019年由BBC Studios自然历史部摄制，中国中央广播电视总台央视纪录频道、中国腾讯视频、BBC美国台、德国电视二台、法国电视台联合制作，该纪录片播出后在全球获得了较高的呼声。本文主要以《七个世界　一个星球》为例，从环境传播视域下的环境修辞角度，研究自然类纪录片的叙事创新，以期对环境修辞学提供更多维的研究视角和研究文本，为环境传播提供新的"认同性话语"。

【关键词】自然类纪录片；叙事策略；环境修辞；环境传播；《七个世界　一个星球》

20世纪80年代初，克里斯蒂娜·奥兰沃克在《演说季刊》上发表了多篇有关环境运动的文章，试图从环境修辞学的视角来解释环境传播的文本、理论和社会属性。而在环境修辞学中，自然类纪录片作为一种语言、文本、影像的载体，极大地影响着环境传播不同社会主体之间的话语互动和交往实践。

环境传播蕴含着"动机—符号—意义—认识—态度—行动"的传播机制，自然纪录片借助象征符号生产（如失去家园的北极熊和日渐消失的北极冰川），从而利用"说服性话语"来实现说服的目的。这与肯尼斯·伯克提倡的"认同观"达到一致，也是环境修辞的内在逻辑体系。

因此，从环境传播的视域出发，来看自然纪录片的叙事策略，可以对环境修辞学提供更多维的研究视角和研究文本，也为环境传播提供新的"认同性话语"。

一、叙事、环境修辞、环境传播

BBC曾推出了诸多优秀的自然类纪录片，如《我们的星球》《地球脉动》和《王朝》系列，受到了全球观众的广泛好评，激发了人们对于环保的热情，甚至直接促进了很多环保法规的出台。例如，BBC纪录片的王牌大卫·弗雷德里克·爱登堡爵士在拍摄了一部有关野生动物的纪录片后，塑料制品带来的环境问题引起了英国女王的重视。在2018年2月，英国女王伊丽莎白二世向塑料制品宣战，要在皇室所处的地区全面禁止塑料吸管和塑料瓶。与此同时，欧洲也开展了更广泛的限制塑料垃圾的环保运动。可见，由自然类纪录片可以带来环境传播议题，而借助一定的叙事和环境修辞策略将"环境保护"构建为公共议题，可以激起公众的关注度和参与度及引起公众集体的行动。这样就实现了环境传播中的"劝服与认同"目的，通过"诉诸话语"，即通过对语言符号和非语言符号的创新创造和组织使用，使得某个环境话语（如限塑令）被视为理所当然。而我们可以再通过环境修辞，建构加强人们感知、理解、回应环境问题的话语实践，从而带来了社会的整体互动。

环境传播涉及的是一些严肃性的议题，往往对公众缺乏足够的吸引力。而且公众对于环境问题"产生认识—转变态度—引起行为"之间不一定是一致且连贯的,如公众没有切身体会的情况下无法意识到当前环境问题的严重性,无法产生紧迫感,并且置身于信息爆炸的互联网时代,某个环境问题很难赢得公众持续的注意力和产生行动。

因此,我们要用环境修辞来构建一种极具说服力的环境传播方式,从而在环境传播中进行叙事创新实践,在修辞学的基础上进行环境学的意义建构。

在自然类纪录片中,到底有哪些叙事因素可以为环境修辞添加资源?有哪些叙事策略能够建构修辞主体并结合特定的修辞资源进行勾连?采取怎样的叙事策略能使得原本的科普式生态环境保护宣传和生态文明建设倡导变得更具有吸引力?这些都是值得我们探讨的问题。

二、《七个世界 一个星球》的叙事与环境修辞

《七个世界 一个星球》于 2019 年 10 月 28 日上线,它保持了 BBC 历来惊艳观众视听的制作水准,是历经 4 年,动用 1500 余人,携 4K 高清摄像机去往 41 个国家进行 92 次拍摄而凝聚成的心血之作。这样的高投资为观众呈现了一帧又一帧绝美的画面,《七个世界 一个星球》在豆瓣网上也获得了 9.7 分的高评分。当时已 93 岁高龄的大卫·弗雷德里克·爱登堡爵士再度担任纪录片的叙述者,他称:"《七个世界 一个星球》将在全世界引起共鸣,因为我们属于一个大陆,我们共享着一个星球。"从环境传播的角度,以《七个世界 一个星球》为代表的自然生态纪录片可以看作做好环境传播、环境叙事和环境修辞的创新范本。

(一)《七个世界 一个星球》的叙事实践

叙事由叙述者、叙述对象与观众三个要素构成。胡亚敏在《叙事学》中指出环境是包含了空间因素和时间因素的时空综合体,是随着人物和情节的发展而变化的活动体。自然纪录片的叙事是利用无声的自然环境和动物来传达丰富的信息,这对叙述者的要求更高。

一般来说，自然类纪录片的叙事视角是多样的，有时是全知视角（第三人称叙述、故事的旁观者），有时是外视角（第三人称叙述、故事的参与者），有时是内视角（第一、第二人称叙事），这需要叙事者根据不同的叙事视角表现出不同的叙事意义。

如在《七个世界　一个星球》第一集"南极洲"中（00：00：00至00：00：52），大卫·弗雷德里克·爱登堡爵士孤身行走在浪花翻涌的海岸，镜头由远及近，他的身影也由小渐大，直至在中央站定，立足于颇具权威感的全知视角，为我们讲述地球板块漂移运动的历史。纪录片还充分利用了视角的转换来增加内容的饱满性和趣味性。第一集中讲述一个小故事，风雪中的海豹母子（00：05：51至00：09：27），开始时，配音演员基于全知视角对画面背景与内容进行介绍，画面内容是：在被白色包裹的冰天雪地中，一只雌性韦德尔氏海豹产下了小宝宝。好景不长，风雪突至，未及十日的海豹宝宝无法下水躲避，海豹妈妈为它挡了三天的风雪，但为了生存不得不暂时舍弃。暴风雪覆盖住了小海豹的身体，遮住了它的眼睛，它无助地躺在暴风雪中等待着生命的审判。风雪过，阳光温柔，岁月静好，海豹妈妈从水中探出身子，发出呼喊以求唤得孩子的回应。冰雪上，有的小海豹没能躲过这一劫，而一声可爱的应答为肃杀的气氛点燃了希望，那只小海豹还活着，正努力地爬向妈妈。这样类似见证人的叙述方式能够更好拉近故事主角与观众的距离，为生命的存在或消亡而悲喜起伏。

在叙述对象的选择上，自然类纪录片叙述对象往往具有多样性、代表性和特殊性。叙述对象囊括七个大洲的不同动物，其中不乏未曾听闻的稀有物种，如表1中生活在中国神农架的川金丝猴、伊朗独有的蛛尾拟角蝰、澳大利亚洲的鹤鸵和欧洲一直生活在洞穴里的洞螈等。这些不同环境孕育出的不同生命彰显着大自然的神奇与伟岸。

表1 《七个世界 一个星球》中的地域与动物

地域	动物
第一集 南极洲	韦德尔氏海豹、王企鹅、象海豹、座头鲸与磷虾、灰头信天翁、巴布亚企鹅、虎鲸、豹海豹、纽虫、海蛞蝓、海葵、远洋水母座头鲸、南露脊鲸、长须鲸
第二集 亚洲	太平洋海象、北极熊、堪察加棕熊、川金丝猴、鹬、蛛尾拟角蝰、伯劳鸟、华丽雄性扇喉蜥、红毛猩猩、苏门答腊犀、鲸鲨
第三集 南美洲	美洲狮、原驼、洪堡企鹅、海狮、匹诺曹安乐蜥、眼镜熊、绒顶柽柳猴、燕尾娇鹟、箭毒蛙、绯红金刚鹦鹉、希氏石脂鲤、黑帽悬猴、水蚺、大黑雨燕、卡拉卡拉鹰
第四集 澳大利亚洲	鹤鸵、小红狐蝠、鳄鱼、东部灰大袋鼠、袋熊、澳洲野犬、树袋熊、针鼹、跳蛛、眼斑巨蜥、鬃狮蜥、蓝舌蜥、棘蜥、虎皮鹦鹉、鹰、鲨鱼与鱼群、袋獾、袋貂、袋狼
第五集 欧洲	棕熊、麝牛、狼群、马鹿、无尾猕猴、原仓鼠、蜉蝣、白鹈鹕、鸬鹚、洞螈、伊比利亚猞猁
第六集 北美洲	加拿大猞猁与白靴兔、小须美鳊、蜂鸟、黑熊、萤火虫、圆蛛、穴居松鼠、美洲獾、走鹃、钝尾毒蜥、鲷鱼、大海鲢、黑边鳍真鲨、美国短吻鳄、海牛、北极熊与白鲸
第七集 非洲	黑猩猩、慈鲷、密点歧须鮠、猎豹与转角牛羚、牛椋鸟、河马、鬃鬣狗、南非海狗、胡狼、穿山甲、土豚、非洲象、白犀牛

自然类纪录片的叙述对象是自然界的动植物，它们有很强的主动性，能够直接影响剧情，所以叙述者需要提前做好准备了解叙述对象，使得自然而然发生的故事能与创作的主体最大限度地符合。如第四集"澳大利亚"篇中，澳洲野犬猎食东部灰大袋鼠的故事（00：15：54至00：20：57）。片尾的幕后拍摄花絮讲到澳洲野犬行踪隐秘，给摄制组的拍摄带来了很大的难度，而澳洲野犬躲避的根源是人类的无情捕杀，所以它们是非常难以接近的。摄制组为求拍摄顺利，求助了当地护林人员，采用了无人机追踪，动用了直升机跟随拍摄，才最终获得了荧幕上第一个澳洲野犬的幼崽画面和狩猎场景。

欧洲著名的纪录片制作人雅克·贝汉在采访中曾提到，"观众是需要花时间去培养的，养成看纪录片的习惯需要一个过程"。在影音作品中，纪录片因为本身的题材、内容的问题使其在多数人心中留下了严肃、枯燥的刻板印象，因此自然类纪录片的观众一直相对较少。而今为了赢得更多观众的关注，纪录片从画面的美感、内容的趣味性、音乐的适配性上都在努力寻求更高的水准。

自然类纪录片的叙述观众是现实生活中千差万别的人，他们的认知需求与认知能力受到生活中不同因素的影响，对叙述者和叙述内容既可以是理解的，也可以是困惑的，甚至可以是抗拒的。如何让叙述者的叙述内容被观众正确地理解，叙述者发出的接收信号在其中有着重要的影响，这样的信号也被胡亚敏称为"叙述接受者的信号"，叙述接受者的信号有明暗、强弱之分，可以具体表现在叙述者的称谓、语气中。如在《七个世界　一个星球》中，最为常见的对观众的称谓是"我们"。"我们"这种包含叙述者自身在内的称谓，比起"你""你们"的第二人称或者"他（她）""他（她）们"的第三人称，能够更多地体现叙述者与叙述对象的亲密关系。

（二）《七个世界　一个星球》的视觉修辞

现在，很多环境议题会更多地采用诉诸图像的方式。正如库尔特·塔科尔斯基所言："一幅画所说的话何止千言万语。"

在环境传播相关中，刘涛提出了颇具代表性的环境修辞理论框架，强调环境修辞应从"意指概念""语境""隐喻""意象""接合"五个修辞形式入手。视觉修辞的核心策略是对一个时代普遍共享的各种文化意象的激活、提炼、招募与征用，文化意象的构造主要诉诸两种修辞手段：隐喻修辞和转喻修辞。在视觉修辞中，隐喻和转喻都是通过图像符号的组合聚集来实现的。俄国语言学家罗曼·雅各布森从文化认知层面来考察，把"转喻"与"隐喻"和"邻接"与"相似"这两种人类世界普遍的思维方式联系起来。

"转喻"和"隐喻"得以发挥作用很大程度上依赖于能唤起类似情感的

"类似点"。自然类纪录片的叙述对象是动物,要站在动物的角度来传达出它们的情绪和情感,就需要进行"类似点的过渡",即通过图像视觉修辞手段来实现。如《七个世界 一个星球》中的第三集"南美洲",美洲狮母子猎食原驼的情节(00:01:11 至 00:10:43),当美洲狮母亲成功猎食到原驼之后,它需要耗费很大的力气才能把猎物从其他狮子的领地拖回孩子的身边,精疲力竭的美洲狮母亲面对沉重的猎物已经明显体力不支,它步履蹒跚,走走停停。母爱这一类似点在此时牵动着观众内心的心疼与不忍。又如比翼双飞的绯红金刚鹦鹉夫妇(00:34:45 至 00:37:36),美好的爱情已经被世人传颂千年,绯红金刚鹦鹉能够互相忠于彼此长达 40 多年的相伴相守之情自然也会让人闻之动容。这样的类似点在 BBC 的纪录片中已经被广泛地运用,它使得观众能够在动物身上看到类似经验以实现"共情",以便自然类纪录片能在普及知识和宣传环境保护中发挥更好的作用。

此外,环境传播的实践通常在一定的语境中进行。一是情景语境,如在世界环境日、联合国气候变化大会、植树节等特殊时刻讨论环境议题,开展环保志愿活动等。二是在"人造风险"语境下进行探讨,如水资源污染与癌症风险,全球变暖与海平面上升,人类活动与物种灭绝等。如第三集中大坝下的大黑雨燕(00:43:40 至 00:48:34),讲述了山水秀美的伊瓜苏瀑布下生活着一群大黑雨燕,它们为了躲避天敌将幼鸟安置于瀑布水帘后的岩壁上,但若逢人类修建的大坝开闸放水,突至的洪水就会给还未能飞行的雏鸟带来灭顶之灾。画面中,滚滚洪流之下有生命的无辜丧生,也有生命冲破阻碍翱翔天际。水幕后小雨燕的生与死,破碎与希望都控制在人类轻拨开关的手上。又如第六集"北美洲"中的海牛母子(00:37:05 至 00:41:40),人类的船桨给海牛身上留下道道划痕,这些划痕深深浅浅,甚至连初生的小海牛身上也有,每年都有 100 多头海牛因人类活动而丧生。一帧帧卫星图所记录的地球外表的变化、全球变暖对北极熊的影响、极端天气为灰头信天翁幼鸟存活带来的挑战、世界上仅存的两头雌性白犀牛亚种，无不一一控诉着人类活动对地球上其他生物生存与繁衍造成的严重影响。

（三）《七个世界　一个星球》的听觉修辞

环境传播的实践者除了将注意力投向视觉修辞，在听觉修辞上也可以从三个方面下功夫，来达到全方位感官刺激的目的。纪录片的表层结构形式分为视觉和听觉两部分，视觉由所记录的画面构成，听觉则包含解说、音乐、音响，这三个部分的合理安排能够提升作品传情达意的效果。

纪录片的解说承担着"介绍信息""解释细节""衔接画面""渲染气氛""抒发感情"等重要职责。自然类纪录片的画面一般只能提供简单的说明，解说在这种情况下便能补足画面在传达信息上的不足，表达更深刻的思想内容。《七个世界　一个星球》的解说有三个优点。首先，《七个世界　一个星球》的配音演员大卫·弗雷德里克·爱登堡是"自然历史小组"中的一员，也是英国生物学家，拥有60余年拍摄自然的经历，BBC的许多经典纪录片系列都出自其手，因此，他的解说具有一定的代表性和权威性，劝服效果更佳。其次，《七个世界　一个星球》的解说词非常活泼生动，与它的故事化的叙事风格相辅相成，时而严肃，时而紧张，时而诙谐，时而深情。最后，解说词中还包含着对自然中的动植物的关怀与对人类行为影响的反思。如第二集"亚洲"中，北极熊与太平洋海象的故事（00：01：20至00：08：57），解说提到了人类活动给其生存生活环境带来的两个影响，第一个是"全球气候变暖导致海冰大量消融，海象只能到觅食海域附近的几处海滩休息，比如这里（画面内容是海滩上拥挤踩踏的海象群），这里有数十万头太平洋海象，几乎地球上的整个种群都集中到了这里……许多海象会丧生于互相踩踏"；第二个是"由此向西大约400公里的海滩还存在其他危险，北极熊。它们也是海水减少的受害者，被迫更多时间生活在岸上（画面内容是北极熊猎食海象）……这里的海滩紧挨悬崖，活动空间狭小，有些海象为摆脱喧闹，奋力爬上悬崖，悬崖显得高不可攀，足有80米高……

而且爬到崖顶的不只有海象，北极熊简直如影随形。……北极熊的现身吓得海象们惊慌逃窜（画面内容是海象从悬崖高处坠落）……短短几天内就有超过200头海象一命呜呼……此类事件原本几年才发生一次，但随着全球变暖和海冰进一步消融缩减，类似惨剧可能更加频繁"。每一集每个故事一边讲述着其他动物的生存环境，一边控诉着人类对自然犯下的罪行，这些饱含着对自然中的动植物的关怀与对人类行为影响反思的话语，在恰当的时候震慑着观众内心，引起要爱护地球与保护自然的共鸣。

　　除了解说词，《七个世界 一个星球》音响的运用也非常出彩。这里音响主要指的是自然发生而非人为的声音，如动物的叫声、奔跑的啼声、风声、雨声、水声等。第五集"欧洲"篇的一开始（00：01：30至00：02：18），阳光透过山林间的晨雾，森林宛若一片神秘灵境，耳畔滑过的鸦叫鸟鸣，再配上充斥着希望与美好的音乐，显露出勃勃生机。通过"白描"来记录与呈现，所带来的是真实的震撼，是"艺术的最大魅力"。在两头麝牛竞争配偶的战役中（00：07：46至00：10：53），准备迎接战斗的一家之主大力刨土，将脚下的土刨得沙沙作响，想要以此恐吓不速之客，而这位对手却不慌不忙，一步一个脚印地踏来。两只麝牛的脚步由慢到快，直至头撞在一起发出"嘭"的一声巨响，继而分开后又重复着撞向彼此。来自半吨重的两个生物的三声巨响，直白地表现出战斗的猛烈。

　　听觉修辞在电影中不仅能塑造人物形象，也能对影片叙事起到重要的调节与控制作用。由于自然类纪录片的纪实性特征，不能进行大量艺术化的渲染处理，要提高它的趣味性还需要在听觉修辞上格外注重。《七个世界 一个星球》的视觉与听觉修辞配合得严丝合缝，如"欧洲"篇中的原仓鼠（00：24：48至00：29：48），当有着胖脸颊和小短腿的原仓鼠颠着小步出现的那刻，欢快的音乐就响起了，趣味横生，引人入胜。而到了00：25：47音乐变得紧张起来，这只原仓鼠正鬼鬼祟祟地欲往其他原仓鼠的地盘抢食鲜花，接着00：26：21两只原仓鼠打了起来，音乐节奏变得愈发急促，两只小小的原仓鼠打架和上激昂的交响乐曲,以一只小原仓鼠的逃跑戛然而止。音乐随着剧情的起伏而快慢高低各异,增强了纪录片的故事感,提高了纪录片的审美和趣味性。

音乐是表达心灵的最佳方式。苏珊·朗格说过,"音乐本来就是最高生命的反应,即人类情感生活的符号性表现"。值得一提的是,《七个世界　一个星球》的主题曲 *Out There* 是由获得过奥斯卡原创音乐奖的著名音乐家和电影配乐作曲家制作而成,由澳大利亚慢速电子、流行兼爵士创作型女歌手希雅·凯特·伊索贝尔·富勒演唱,在荡气回肠的乐曲声中似乎唱出了地球母亲的呐喊和对人类的希望。

三、对当下环境传播的思考和展望

2019 年,上海开始实行严格的垃圾分类政策,通过传统媒体和新媒体的宣传发酵,一时之间引起公众的热议,在国内掀起了垃圾分类的热潮,北京、南京、郑州、成都等城市纷纷宣布颁布垃圾分类管理新办法,但至今看来实质性影响还有待提高,公众对垃圾分类的认识、关注度和参与度也还不够。中国目前正处于重要的社会转型时期,政治、经济体制改革深化,经济发展与环境资源的矛盾愈演愈烈,我国必须正视环境危机所带来的巨大挑战。党的十八大报告把"生态文明建设"纳入中国特色社会主义事业"五位一体"总体布局,而党的十九大报告把"坚持人与自然和谐共生"纳入新时代坚持和发展中国特色社会主义的基本方略。促进与自然和谐共处不仅是对中国的发展,对全球而言亦是意义重大且势在必行的。

自然类纪录片在为观众传递自然科学知识的同时,普及环境保护理念,将重大的生态议题推向民间成为每个人的责任,其形成环境传播的公共话语空间,促使更多的人加入生态文明建设的行列中。自然类纪录片除了给我们提供了环境传播实践的有效方法,也让我们看到自然类纪录片的制作应该不拘一格,合理运用环境叙事和环境修辞方法,摆脱刻板僵化思路,将严肃的议题变得生动，将枯燥的内容变得有趣，以更能让公众理解和认同的方式来进行。

现下的许多环境问题或环境议题都可以用纪录片的形式来进行宣传和倡导，如垃圾围城与垃圾分类问题。2010 年，王久良拍摄了一部纪录片《垃圾围城》，内容真实，主题深刻，却没有引起公众广泛关注和重视。而今垃圾分类余热未退，我们应用恰当的环境修辞策略和合理的叙事手段就有关垃圾围城的严重性和垃圾分类的意义进行纪录片拍摄制作，并选择正确的时间上映宣传，或能掀起类似当年《穹顶之下》所引起的人们对雾霾的高度关注，以此形成垃圾分类和环境保护的话语空间，使更多人加入具体的环保实践中。

最后，我们还应该警惕资本利益追求与环境保护的矛盾和冲突。《七个世界 一个星球》由 BBC 更早时期的纪录名片《地球脉动》的原班人马制作，对于 BBC 来说，自然类纪录片也是其收视率的第二大保障。越来越多的竞争者加入自然纪录片拍摄制作的行列中来可能会导致自然类纪录片本身给环境保护增加困难。我们要在社会效益与环境保护中寻求平衡，二者不应该是对立的。只有保护环境，保护物种的多样性，我们的星球才能更加美好，地球上的生物才能够更好地生存。

参考文献

[1] BURKE K . A rhetoric of motives [M]. Berkeley：University of California Press，1969：55–56.

[2] 胡亚敏. 叙事学[M]. 武汉：华中师范大学出版社，2004：159.

[3] 李淼. 托多罗夫叙事理论研究[D]. 乌鲁木齐：新疆大学，2006.

[4] 雅克·贝汉：纪录片的观众需要去培养[EB/OL].（2016–10–09）[2021–10–12]. https://mp.weixin.qq.com/s/bQFt-oeSZ9mkj0AwCDAkCg.

[5] BURKE P. Eyewitnessing: The uses of images as historical evidence [M]. London: Reaktion Books, 2001: 8, 36.

[6] 徐智鹏. 用"视角"讲故事：导演伊丽莎白·怀特创作风格研究[J]. 当代电影, 2017（6）: 75–78.

[7] 刘涛. 新社会运动与气候传播的修辞学理论探究[J]. 国际新闻界, 2013, 35（8）: 84–95.

[8] 刘涛. 文化意象的构造与生产——视觉修辞的心理学运作机制探析[J]. 现代传播（中国传媒大学学报）, 2011（9）: 20–25.

[9] 罗曼·雅各布森. 隐喻和换喻的两极[M]//张德兴. 二十世纪西方美学经典文本（第一卷：世纪初的新声）. 上海：复旦大学出版社, 2000: 238–240.

"土味文化"刍议
——成因、冲突与应对之策

王欣昱

（北京印刷学院）

【摘　要】 土味视频最初是由乡村进城务工群体为主拍摄的短视频。土味视频制作简陋，内容夸张怪诞，之后在各大网络平台流行，逐渐进入公众视野，并形成特有的土味文化。随后诸多Vlog博主以"土味"为自己的视频特色，其创造了特殊的文化符号迅速在网络和现实生活中传播，引起了关于土味文化与网络文化的讨论。本文先从文本的生产与消费视角，剖析土味视频的本质及其迅速传播的原因，分析其背后所反映的社会文化现状，而后再讨论土味文化是否会对网络文化造成负面影响，以及社会各个主体该如何面对这一文化现状。

【关键词】 土味文化；网络文化

一、生产与消费土味文化的原因：自我文化品位的表达

土味视频的生产与传播源于模仿行为，1976年，理查德·道金斯在《自私的基因》一书中首次将通过模仿而传播的文化基因称为"模因"[1]。"社会摇""脚艺人"等容易传播和模仿的视频被视为土味文化符号，在KOL（关键意见领袖）土味博主的带领下，人们纷纷模仿，在很短的时间内被病毒式传播，形成土味"模因"。

细观土味视频的生产者与消费者，虽然他们都热衷参与土味视频的制作、收看与传播，但也可以从对土味文化品位认可与否的角度，将他们区分为两种群体。从人口统计学层面观察，认可土味文化品位的多为乡镇群体，而不认可的多为城市群体。

鲍德里亚的消费社会理论指出，人的消费（包括文化产品的消费）是自身存在的言说[2]。无论是否认可土味文化品位，两个群体对土味视频的生产与消费行为，在很大程度上都是出于对自我文化品位的表达需求。

（一）通过表演与收看，表达自身品位

欧文·戈夫曼认为表演是指个体面对一组观察者时的表现，并对那些观察者产生某些影响的全部行为。土味视频的生产者和考究的视频博主形成鲜明的对比，通过各异的"土味妆容"形成自身特有的符号体系，用作表演者"前台"的印象管理。表演者通过这些"土味"符号构造自我意识，形成自我认同感，通过表演的形式进行宣泄；同时表演者也渴望和都市靠拢，寻求认同[3]。

上文所言的两个群体在面对土味视频时有明显差别，认可土味文化品位的人群的变装通常是非正式妆容变成"土味妆容"，这在很大程度上表明，该内容生产者认同"土味妆容"的品位，他希望造成的视频效果是受众在看到前后对比后的惊艳感与慕羡感。其生产与消费土味视频是出于对这一文化的认可与自身文化品位的表达。

（二）通过模仿与戏谑，反衬自身品位

生活节奏加快，媒介信息爆炸、冗余，一些人渐渐对平淡生活麻木，审丑文化在某一领域盛行。审丑文化是一种低俗化的娱乐现象，但审丑并不是为了丑，而是通过批判丑来歌颂美。不认可土味文化品位的人群的变装通常是正式妆容（甚至是精美妆容）变成"土味妆容"，他们不认同"土味妆容"的文化品位，通过扮丑来达到娱乐效果。而这种扮丑行为也是一

种文化品位的表达，它反映了生产者与消费者对自身文化品位的认可，对所模仿与戏谑的文化品位的否认。

二、土味文化流行所折射的社会文化现状：文化秩序内的碰撞

紧接上文思路，土味视频的生产与消费蕴含着不同的文化品位，但它们最终表现为同一文化形式。葛兰西的文化霸权理论指出，某一文化形式中蕴含着不同意识形态的斗争，它们都在争夺对这一文化形式意涵的最终解释权，并终有一方占据霸权地位。从这一角度出发，一方面，这两种文化品位的对立，体现出城乡文化的碰撞；另一方面，在这两种文化品位的同一性上，体现出严肃与草根文化的碰撞。

（一）城市与乡村文化秩序之争：难以平等，凝视依旧存在

两种文化品位的碰撞反映出一个伴随着我国城市化进程已久的文化现状：城乡文化碰撞。而过去，乡村文化一直处于失声的状态，快手等短视频社交媒体的出现，为乡村文化在互联网上的发声提供了平台。这使得人们出现一种后现代的错觉：这是一个平等与多元的时代，城乡文化在网络社会中都大放异彩。

但沿用威廉斯对文化的定义，文化是特定生活方式的描述，其背后的情感结构是某一群体所共享的、整体的、相对稳定的价值观或意识形态。从这一定义可以看出，文化本身是一个整体的概念，背后是一套意识形态与价值观[4]。社交媒体中被大多数用户所赞扬与接收的乡村文化不过是其中的某一个部分或者元素，且选择与接收依然以城市文化品位作为标准。这可以从不同群体对李子柒乡野视频的评价中窥见一斑：部分城市人直呼向往，部分乡村人感觉虚假。

进一步思考，这种网络空间的文化格局反映出文化本身的物质性，亦即文化之间的争斗并不完全取决于文化本身的内容，很大程度上这种争斗

取决于文化所反映的物质基础的强弱。城乡文化的对立，本质上是城乡经济与社会资源的对立。正如我国主要矛盾所示，地域间的发展是极度不平衡的。当前网络社会中的城乡文化不存在幻想中的平等关系，乡村文化依然处于城市的凝视之中，并且被城市文化侵入、解构与碾压。

（二）严肃与草根文化秩序之争：难以解构，固化仍在加剧

两种文化品位也存在着同一，即土味视频的大规模传播，在某种程度上是草根文化品位对严肃文化品位的解构。网络传播的草根性与互动性为新生文化或者亚文化的生长提供了土壤，也在一定程度上为其颠覆主流的、传统的、严肃的文化秩序提供了武器与动力。许多并不认同土味文化品位的用户，会利用土味视频来表达自身对传统精英文化秩序的反抗，以及对现实阶层情况的不满。

但这种解构与抗争的效果往往是有限的。其一，严肃文化仍然是社会管理者所认同的主流文化，会采用各种手段反制亚文化群体的解构行为，不论是封禁还是收编。其二，这种借用其他文化形式来表达反抗的行为容易造成内核的错位与流失，变成符号的狂欢。其三，如布尔迪尔的场域理论指出，文化资本是定位个体在场域中位置的重要元素，依赖于一定的文化秩序，而草根文化并没有建立起新的文化秩序，难以完全替换严肃文化的社会功用。

因此，可以预见的是，当下流行的土味视频也会消失于大众视野中，甚至在主流文化的批判或收编中，反而加固了既有的严肃文化秩序。

三、土味文化与网络文化之争

首先，从前文的分析可以看出，网络文化看似是多种文化交融的场所，但仍有主导的意识形态。它是以城市文化品位为核心、主流文化秩序为主轴的空间。面对土味文化对网络文化内核的冲击，土味文化也如同众多亚文化一般，难以撼动网络文化的城市主流内核。

但是在冲击的过程中，土味文化依然会污染网络文化的表现形式。必须承认的是，土味文化缺乏意义内涵、仅仅强调视听刺激、部分忽视社会风俗与伦理等问题会加剧网络空间中的娱乐化、低俗化等。因其后现代文化底蕴发展迅速，从平民草根文化逐渐演变成土味文化，与网络文化中的主流价值倾向相背离，通过对其进行反抗和解构，以无厘头荒诞的方式将上层文化融入下层乡村文化格局中，企图打破精英自持的审美固定范本。长期发展，土味文化会导致畸形的审美取向，通过网络媒介涵化受众的价值观和世界观，尤其是对正在社会化的青少年来说，这毋庸置疑是对其所认知的科学文化的扭曲。

其次，土味文化因其生产成本低、传播速度快，可以带来巨大的流量，商业资本纷纷涌入这片蓝海，模式化土味的加工，树立土味人设，最终土味生产者沦为数字劳工。正如阿多诺文化工业理论，文化工业是标准化的商品而非艺术品，它们缺乏高雅文化的解放性；文化工业具有浓厚而隐蔽的资产阶级意识形态。受众的注意力成为文化工业争夺的资源，面对在网络各大平台的病毒式传播，受众最终也会成为被剥削的对象。算法推荐，土味视频中穿插广告诱导受众消费，最终会导致网络文化受到资本的控制。

最后，值得强调的是，互联网的出现为亚文化涌现提供了平台。文化与文化之间的冲突是必然的，从某种角度上看，这些冲突也会随着传播技术的发展而不断增多与加剧。在这样的传播环境中，对待文化的态度不能仅仅站在自身角度去思考，更需要从内部去探寻其生成的缘由。尊重文化永远是思考与研究文化的第一步。

四、多元主体应对土味文化的传播

（一）平台：担责任，打造媒体矩阵

任何媒体平台对乡村文化的传播都是为乡村塑造媒体形象，有很强的

社会服务功能，媒体平台应当承担社会责任。同时大众传播具有教育功能，对受众的认知产生潜移默化的影响。所以，在传播乡村文化的过程中，要实事求是，客观展现乡村特色，还原乡村风貌，为乡村打造积极的文化标签，减小城乡文化差异。作为平台需要制定合适的审核机制，限制丑化乡村的传播行为，避免资本为了注意力经济，而构建错误的农村形象。

同时，乡村文化的传播应该依托于新媒体平台，借助多媒体矩阵，提高乡村文化的传播影响力，减少文化差异性，让受众全方位、全体验地感受乡村文化的魅力。媒体应创新传播形式，通过纪录片、长视频、访谈等多种媒体策划，更好地展现乡村文化的全貌。

（二）生产者：增强文化认同，传播优秀乡村文化

"土味文化"产生于乡村民众对自己生活的再现，作为主要的生产者，需要增强乡村民众的自我文化认同，提高其对乡村文化的归属感，从而带动对乡村文化的传播。

同时，应该提高"土味文化"的审美品位。土味视频的生产者为了吸引受众的眼球，多采用具有很强冲击性的拍摄动作内容，歪曲了乡村文化的内核，也让受众对乡村文化的认知产生偏歧，缺乏完整的认知。所以在内容的生产上，如何将审美品位提高，如何将优秀的乡村文化精髓融入视频是生产者需要思考的问题。

参考文献

[1] 顾明敏. 城乡接合部的摇摆："土味视频"的意义指向[J]. 文化艺术研究，2019，12（2）：28-33.

[2] 让·鲍德里亚. 消费社会[M]. 刘成富，译. 北京：南京大学出版社，2014：138-139.

[3] 欧文·戈夫曼. 日常生活中的自我呈现[M]. 冯钢，译. 北京：北京大学出版社，2008：19-20.

[4] 邹赞. 试析雷蒙·威廉斯的"文化"定义[J]. 新疆大学学报，2014，42（1）：115-120.

全媒体时代下新闻传播人才培养的策略研究

周 榕

（北京印刷学院）

【摘　要】在全媒体日益发展的今天，高等院校的传统新闻媒体人才已经难以适应以人工智能为背景的全媒体时代的发展。在媒体融合发展的新时期，对高等院校新闻传播人才的培养提出更高的要求。本文分析了当下高等院校人才培养面临的挑战并提出相应的解决措施，为今后高校培养全媒体专业型人才提供借鉴。

【关键词】全媒体；人才培养；高校改革

一、引言

据中国互联网络信息中心（CNNIC）在北京发布的第 47 次《中国互联网络发展状况统计报告》，截至 2020 年 12 月，我国网民规模达 9.89 亿，较 2020 年 3 月增长 8540 万，互联网普及率达 70.4%。其中，手机网民规模达 9.86 亿，网民使用手机上网的比例达到 99.7%，较 2020 年 3 月提升 0.4 个百分点。我国互联网政务服务用户规模达 8.43 亿，占网民整体的 85.3%。数据显示，我国电子政务发展指数为 0.7948，达到全球电子政务发展"非常高"的水平[1]。网络媒体、手机媒体等在人民生活中发挥着日益重要的作用。

智媒体和融媒体时代的到来不仅迫使传统媒体加快转型升级的步伐，也标志着万物皆媒的媒介化社会已经来临。中央全面深化改革委员会于 2020 年 6 月 30 日通过了《关于加快推进媒体深度融合发展的指导意见》，并明确强调深化体制机制改革、加大全媒体人才培养力度将是媒体融合实践顺利纵深发展的基础性工作和关键抓手。融媒体相关产业的迅速发展导致传媒市场对于人才需求不仅在数量上激增，还对各大高等院校培养传媒人才提出了新的挑战和要求。

二、当前社会媒介环境状况分析

全媒体时代下，国内传统新闻院校的人才培养方式与社会行业的发展需求相去甚远，传媒人才市场的供求失衡问题凸显，行业人才需求与高校培养失调成为制约我国传媒行业发展的一大难题。在技术上，高校传统的教育体制跟不上智能化、数据化的新媒体行业的发展。高校缺乏实践、注重理论使得高校学子与市场行业的人才需求脱节，学生接受的是传统理论教育，而且全国各报刊、电视台等传统媒体业的招聘人数逐年呈下降趋势，传统媒体行业发展呈萎缩之势。相关数据资料表明，目前全国高等院校的新闻院系已经发展 850 余家，与每年新闻事业的人才需求相比，仍然处于供大于求的状况。但是新兴的智能化、融媒体化的新媒体所需要的技术型、智能人才却供不应求。大量新闻院校面对传媒技术的迅猛发展，变革课程制度反应迟缓，传统的教学方法和新闻教育体系已经不能适应时代发展的需要，无法应对新闻界的急剧变化，不能满足全媒体人才的培养需要，种种原因迫使各新闻高校开始改革教学模式。

互联网的出现从来都是一把双刃剑，科技快速发展为人们提供便利的同时，也为社会、国家、人民带来潜在的威胁。在市场经济飞速发展的背景下，不少人看到了互联网发展所带来的红利，开始追逐利润赢取红利。在当前激烈的媒体竞争环境中，部分新闻媒体迫于竞争的压力，开始放弃社会责任,"假新闻"和"后真相"现象时有发生,舆论事件经常多次反转,众声喧哗淹没事实真相,娱乐至死让部分人失去注意力。这些都亟须制定一部关于互联网言论规制的法律。德国出台了《信息和通讯服务规范法》,英国政府颁布了《三 R 安全网络规则》,为探讨基于本国基本国情的背景下,如何提高言论自由等方面作出了巨大贡献。如何建立安全、清洁、高效的互联网空间?如何约束互联网中种种违法行为?如何在互联网环境中坚持新闻专业主义?这些成为新闻从业人员应该思考的问题,各高校也应该加强学生理想信念责任方面的培养。

三、媒体融合下传统高校面临的挑战

(一)教学理念跟不上社会发展

2016 年 2 月 19 日,习近平总书记在党的新闻舆论工作座谈会上指出,未来的媒体工作者要"努力成为全媒型、专家型人才"。胡正荣指出全媒型人才是指具有互联网思维,适应智慧传媒生态的发展趋势,具备全媒体生产、传播、运营、管理等相关能力,胜任全媒体流程与平台发展要求的专门人才[2]。而我国现当下新闻传播更加注重学术,重点仍然以培养纸质媒体人才为主,对于专门性的网络人才培养至今还是很小一部分,根本无法撼动传统媒体教育地位[3]。这与行业所需要的全媒体多功能型人才有所偏差。而且,AR、VR 等设施设备昂贵,高校难以承担巨额经费,也是不可避免的问题之一。加强与社会企业强强合作,积极引进外部资源、更新传统教材,寻求能够适应新时代的教材课本,建设一支符合时代发展潮流的教师教学队伍是各高校新闻传播学院面临的并且需要解决的难题。

(二)理念和实践脱节

在高校的课堂上,教师主要以传授知识为主,而学生也以课本上的知识为主,在期末考试中交上一份论文作业为结课标志。互联网背景下的新媒体行业更多要求的是对不同设备、媒体的运用。新闻永远都是跑出来的。

不论是在互联网出现之前的新闻记者，还是互联网出现后日益发展的当下，传媒业都需要新闻从业者不停地动起脚、动起手、动起脑，坐在屋子里是写不出新闻的。而现在部分高校缺少对于学生实践能力的综合培养，许多学生理论说得头头是道，一旦落实到实践中，却力不从心。这说明高校教学课程应加快变革节奏。

（三）学生创新能力不足

综合近十年的数据来看，传媒人注重理论性内容和经验的传授，学生内在的生命力不能得到有效的激发，自然也使得我国的传媒业发展没有活力[4]。这说明我国的传统教育注重向学生传授知识，而忽略了学生的主体发展和创新思维的开拓。学生只能按部就班地学习、考试，缺乏个性化的想法。这使得学生思想固化，并不利于传媒业的发展。

四、全媒体人才培养的路径

（一）做传统媒体和新媒体融合的推手

科技化、数字化、智能化将传统媒体行业推入困境。新兴媒体发展势态如火如荼，反观传统媒体，尤其是在经历了疫情的重击之后，更是举步维艰。万物皆媒时代，传统媒体如何与新媒体进行融合实现自身转型升级，成为摆在广大传媒学子面前的一道难题。传统媒体是党向人民群众传达决策意见的重要媒介，也是特殊时期的一面旗帜。不论是在"非典"时期的《人民日报》，还是在新冠肺炎疫情时期的联播报道，传统媒体在实施"社会动员"、保障"社会稳定"方面起到了不容忽视的作用。新媒体在某些领域依然无法取代传统媒体。比如在公信力和专业性方面，传统媒体中专业的记者能够在主流媒体上提供专业性的报道，在很多国家会议、世界会议等场所为人们传递准确及时的第一手信息。在网络谣言四起、鱼龙混杂缺乏治理的现实状态下，传统媒体的权威性以及传统媒体对于新闻事件本身进行的长期深度有价值的报道，掌握着国家大事的第一手信息都是传统媒体强大的优势所在。

新媒体依靠智能科学技术，使得信息可以以最快的速度、最广泛的传播层面和最真实的现场报道为广大网民所接受。在人人都手握麦克风的时代，人人都可以使用新媒体进行即时有效的信息交互传播，利用不同的传播平台进行不同渠道的传播，使得信息内容有着极高的覆盖率和到达率。

推动两者的融合，是实现双赢的必要条件。新媒体为传统媒体提供技术上的支持，传统媒体为新媒体提供优质的内容。习近平总书记在中共中央政治局第十二次集体学习时强调，推动媒体融合发展，建设全媒体成为我们面临的一项紧迫课题，同时进一步将全媒体阐释为"四全媒体"，即全程媒体、全息媒体、全员媒体、全效媒体。培养"四全媒体"人才是适应媒介融合趋势的必然选择。我们需要打破学科壁垒，将培养宽口径、知识复合型人才作为培养目标，以多领域、全技能的应用技术型人才为培养方向，大力培养一批政治素质过硬、融合本领够强的新闻工作者[5]。

（二）以复合型多学科交叉型人才为重点

1. 多学科联动学习，教学内容与教学模式改革创新

各高校应鼓励老学科更新，新兴学科交叉，原有基础学科入主流，交叉学科创一流。通过交叉引领中国之先锋、之风气，争创世界一流[6]。新闻学报道内容的多样性使得新闻人员成为什么方面都了解一点的杂家，新闻学专业的学生不仅要学好自己专业的理论基础，更要不断地丰富自身的通识能力。成为一个杂家，才能在日后的实践活动中更快、更准确地抓住重点，才能不被牵着鼻子走，从而掌握主动权，成为复合型、专家型人才。大数据时代的到来使得传统新闻业的教材与现实脱节，教材发展跟不上科技的进步。我国的新闻业大都属于学术型，部分高校教师拥有高学历，但缺乏媒体融合的专业知识，没有丰富的媒体融合实践经验，使得课堂教学缺乏应有的针对性和实用性。而拥有丰富的融媒体、智能媒体实践经验的

教师可能因学历或者专业不对口被阻挡在高校门外。这种种的因素都需要各高校能够灵活变革招聘模式及教学内容。

当今社会需要全媒型人才，全媒型人才最大的特点，就是掌握了多媒体传播的技能，能够同时承担文字、图片、音频、视频等报道任务，为多种不同媒体提供新闻作品[7]。美国密苏里学院 2005 年就开设了一个媒体融合的新专业。这就要求我国高校不仅需要在校内巩固培养学生作为新闻人的专业素养、理论道德及基础知识，并且也需要加强与社会全媒体平台的合作，同时各高校也可以开设自己的全媒体平台供学生实践以帮助学生得到全面的业务技能训练。

2. 向理工科融合，借鉴医科学习模式

智媒体、融媒体的发展，伴随着增强现实技术（AR）、虚拟现实技术（VR）等技术的兴起，越来越多的高新科技技术在新闻传播的过程中得到应用。5G 技术更是引领了"万物互联"的新常态。人工智能 AI 在新闻传播中的应用也相当广泛，如人工智能技术下的新闻生产的变革，计算机语音处理技术在新闻中的应用，全国"两会"期间利用人工智能制作的 AI 合成主播等。而人工智能属于工学。在《2020 年度普通高等学校本科专业备案和审批结果》的名单中，有 130 所高校新增人工智能作为本科专业课程。媒体正在向智能化时代迈进，计算机、大数据、数字化、区块链等人工智能的出现，都说明新闻人才已经不仅仅局限于文学领域，智能化浸入新闻工作的方方面面，各大新闻院校更应该将新闻传播专业与理工科专业相融合，加强两院合作，鼓励学生以理工科的思维去思考问题、解决问题，从而提高学生逻辑思考的能力。应强化院校与人工智能相关的课外实践和课堂教学，形成内外双驱动，将知识落到实际，将理论运用于实践，为新闻传媒行业输送更多接受新技术、使用新技术、发展新技术的多元化人才。强化学科融合思维，落实智能化实践，需要各高校做到以下两方面：一方面，将人工智能、大数据等课程设置为选修课，为学生提供技术方面、理论知识的引导。另一方面，加快学校基础设施设备更新，与相关智能科技企业进行合作。设备更新换代为学生实践落实提供必要条件。智能科技企业进行实际案例讲解，解说设备应用于行业需求，使学生更加明确行业需求，完善自身发展。

新闻学科同样是实践性很强的学科。美国新闻教育界提出，作为未来新闻教育改革的方向，新闻教育应该实行"医学院模式"[8]，实则就在强调实践对于新闻人才的重要性。如新闻业大国日本，大学根本不设新闻专业，一些传媒专业大都属于社会学、法学等专业的分支，并且很多传媒专业的教师对各个专业的知识都有所涉猎，新闻实践类人才都是由媒体机构在业界实践中去培养。传媒技术的迅猛发展使得中国高校传统的教学理念和内容并不适用于智能化、科技化的数字社会。根据行业需求学习技术落实实践，提高自身新闻务实综合能力，往往比空有一番理论而缺乏实践的纸上谈兵更适合行业的需要，适应时代的发展。

3. 辅以垂直型人才协同发展

多学科联动学习并非要求新闻与传播学者每一门学科都做到精益求精，在互联网日益发展的今天，垂直化、专业化及智能化成为发展的趋势。垂直领域的传媒人才对于互联网的发展同样必不可少。互联网进入价值互联网的下半场，不需要"万金油"，而需要垂直细分领域的专家，这是新闻业和新闻人精工细作、延展价值的必要条件[9]。2020 年 12 月 20 日，深度学习技术及应用国家工程实验室和百度联合主办的 WAVE SUMMIT+ 2020 深度学习开发者峰会上，公布了百度飞桨的"大航海"计划，其中重点发布的"启航"计划面向高校，通过校企合作与产教融合，开启 AI 人才培养的新篇章。百度 AI 技术生态部总经理刘倩表示，未来三年，百度飞桨将投入总价值 5 亿元的资金与资源，支持全国 500 所高校，重点培养 5000 位高校 AI 教师，与高校联合培养 50 万名 AI 人才。互联网的垂直化发展需要更多专、精、尖的人才，术业有专攻，学校和企业进行强强联合，培养社会行业需要的专业化人才，同样是提升学校新媒体发展水平、强化企业发展前景的有力保障。

（三）搭建校内外实践新平台

高校作为祖国人才培养的后备库，为社会各行各业的发展提供了源源不断的高才生，满足企业人才需求。企业与高校合作，可以彼此互为平台来培养学子，满足彼此之间的需求。高校积极开展与企业的合作，首先可以为高校学生实践提供良好的平台，对口专业的学生可以在平台中不断实践，完善自身能力；其次可以通过与企业的合作缓解自身的融资困难，实行产学研相结合，提高自身，实现共赢。

企业在与高校合作的过程中，可以在第一时间获得最年轻、最有活力的人才，双方共建实验室研究平台等产学研合作模式，有助于产学研合作层次的提高，并且有助于提高企业科学技术创新能力，符合全媒体时代企业快速更迭换代的产品周期，也有助于我国在产学研合作方面整体水平与层次的提升。

在校内，高校也可以建设自身的融媒体平台。当代社会中，由于互联网多元化信息的繁杂，大学生作为互联网的忠实使用者，在世界观、人生观和价值观形成的过程中，不可避免地会受到网络上不良信息的影响。建设高校自身的融媒体平台，不仅可以在思想，价值等方面对学生进行积极的引导，也为学生开展媒体运营提供了一个场所。同时，对于学校的招生宣传，开拓了宣传空间，提升了高校的影响力。新媒体是高校文化建设的重要阵地。各高校应该始终坚持以人为本、内容为王、价值引领以及机制创新的发展理念，不断发挥新媒体面向人、成就人和示范人的功效[10]。

（四）满足国家社会新闻人才需求

1. 培养国际型传播人才

新闻传播人才的培养不仅需要适应市场行业的需求，更应该适应国家层面的需求。习近平总书记强调："要推进国际传播能力建设，讲好中国故事、传播好中国声音，向世界展现真实、立体、全面的中国，提高国家文化软实力和中华文化影响力。"全球化融合程度加强，国际矛盾也初露端倪。尤其是随着互联网的发展，地球成为地球村，多元化信息突破了时间和空间的限制，到达每一位网民的手中。而这无形中也增加了多元文化管理难度，严重影响主流媒体的主体地位，也为新闻传播学子如何应对、高校如何培养国际新闻人才提出难题。2018 年，教育部和中共中央宣传部联合发布《关于提高高校新闻传播人才培养能力实施卓越新闻传播人才教育培养计划 2.0 的意见》，提出要构建国际新闻传播人才培养的新范式，要启动国际新闻传播本科人才培养试点工作，建立完善"全媒体+国际+外语"课程体系，加强"国际教育+国际视野"的社会实践和国际交流等指导意见[11]。在 2020 年教育部公布的新增备案本科专业名单中，中国人民大学、上海外国语大学、西安外国语大学、汕头大学等 5 所学校都将国际新闻与传播作为本科科目。这表明国际传播在现如今处理国与国之间的关系中日益重要。

　　成为国际新闻传播人才，更加侧重于成为专业垂直化的专家型人才，首先第一关要解决语言问题，打破国与国之间沟通的壁垒。掌握一门外语是极为重要的，这就相当于一块敲门砖。国际新闻传播人才不仅要熟练掌握日常交流用语，更应该掌握专业英语。了解多国不同的文化差异，才能成功走出第一步。其次，实践也必不可少。国际型传播会议、国际型传播场所以及国内外重大新闻事件的现场，作为一个普通本科学生，是难以涉足并参与的。没有门路和渠道还需要高校成为引路人。高校需要开设专业课程体系学习理论，在理论的基础上为学生搭建实践平台，招聘专业外籍教师，加强与国际传播组织的合作，为学生搭建桥梁。最后，学生还需要加强自身的专业素养。学校也应该加强对学生信念的正确引导，培养学生强烈的爱国意识，使学生在多元文化冲击的大环境下依旧坚守社会主义核心价值观。

2. 夯实新闻人专业素养，做党和人民的耳目喉舌

新闻人应该坚守新闻专业主义，中国共产党的先驱李大钊改写的明朝杨继盛的对联"铁肩担道义，妙手著文章"，成为现在很多新闻工作者所秉承的信念。新闻人要努力做党和人民的耳目喉舌，传播党和国家的策略决议。尤其是在面对重大特殊事件时，人们渴望通过主流媒体获得权威性的解读，此时，报纸传媒将最大效率地发挥自己的舆论引导及观点整合功能，破除流言，给予民众科学公正的解释，带领民众走出困境。

此外，新闻工作者需要不断加强自己的专业素养，不能听什么就写什么或说什么，更应该做信息流的把关者，服从事实这一最高权威，而不臣服于任何政治权力和经济势力，始终把国家、把人民放在第一位。高校教育一定要以立德树人为根本任务，加强思想教育，树立符合社会发展与人类进步的价值观，真正承担起一个媒体人、新闻人应该承担的责任与义务。

五、结语

传媒业之于一个国家，是国家的动脉所在。无数历史上能够决定祖国命运的转折点，都少不了传媒业的身影。党的十一届三中全会召开之前，《光明日报》发表的《实践是检验真理的唯一标准》引发了一场关于真理标准问题的大讨论。1997年的新闻报道《别了，不列颠尼亚》见证了香港的回归。随着新媒体时代的到来，主流媒体更加应该顺势而为，进行传统媒体的转型升级。而各高校作为国家发展的人才后备库，更应该有所作为。人工智能所代表的核心科学技术的发展，正是未来各国之间竞争的关键所在，只有把科技发展的主动权牢牢地掌握在手中，未来我国的发展才有保障。这就要求各高校积极进行学科升级，教学模式、教学方法应该发生相应的转变。传媒业更应该如此。

在万物互联的时代背景下，各新闻高校应该加强正确的思想引导，正学风。在加快与新媒体相结合的实践中，也不能忘了专业基础知识，不能

只会打字而忘了如何写字。两方面应该达到平衡，方能培养新媒体人才。随着媒体融合、5G技术、县级融媒体等产业的发展，不仅为高校培养人才提供了新的机遇和空间，也为新时代下新闻传播教育的发展和人才培养提供了方向。

参考文献

[1] CNNIC发布第47次《中国互联网络发展状况统计报告》[EB/OL].（2021–02–03）[2021–08–10]. http://www.gov.cn/xinwen/2021-02/03/content_5584518.htm.

[2] 胡正荣，李荃. 发力全媒体人才培养推动深融发展[J]. 青年记者，2020（31）：9–10.

[3] 石巍. 全媒体视域下新闻传播实验室的建设与发展[J]. 记者观察，2019（18）：125.

[4] 兰斓. 复合型传媒人才的高校培养模式探析[J]. 商情，2010（19）.

[5] 唐丹，王安琪. 融媒时代"四全媒体"人才培养策略研究[J]. 新闻世界，2019（12）：78–80.

[6] 胡正荣. 面向融媒时代的新闻传播教育[J]. 新闻与写作，2017（4）：1.

[7] 朱金平. 时代呼唤全媒体型人才——中国人民大学新闻学院副院长蔡雯访谈录[J]. 军事记者，2010（3）：15–16.

[8] 范东升. 新闻教育的"医学院模式"[J]. 青年记者，2017（28）：62.

[9] 胡正荣. 新闻人的坚守与颠覆[J]. 新闻与写作，2019（1）：1.

[10] 王志清，闫晓静，张勇. 新时代高校新媒体平台建设的缺失与突围路径[J]. 河北北方学院学报（社会科学版），2019，35（5）：91–94.

[11] 范东升. 探索创新国际新闻传播人才培养范式[J]. 新闻与传播研究，2018，25（S1）：85–86.

矩阵化传播：《凤凰周刊》的新媒体转型路径探索

张振峰

（北京印刷学院）

【摘　要】新媒体环境下，传统期刊纸媒难以满足用户日益多样化、个性化需求，用户媒介使用习惯逐渐由传统刊物向网络新媒体迁移。用户需求及媒介技术变革倒逼传统媒体转型升级进行媒介融合。《凤凰周刊》围绕平台搭建、团队管理、新闻报道等方面打造出综合立体的传播矩阵，为传统媒体创新发展提供了一条成功路径借鉴。

【关键词】传统媒体；媒体融合；矩阵建设；新媒体

面对互联网尤其是移动互联网下表现愈发积极活跃的新媒体，传统媒体单一说教式的大众传播已不能满足网民的多元化信息表达与接收的需求，用户的媒介使用习惯逐渐从传统报刊转向网络新媒体，随之带来的便是黄金读者（指15～44岁的中青年群体）的迁移流失，大批体制精英人才转行，媒体盈利入不敷出，纷纷破产倒闭或重组。

正如罗杰·菲德勒所说，"传播媒体的形态变化，通常是由于可感知的需要、竞争和政治的压力，以及社会和技术革新的复杂相互作用引起的"。如何在社交媒体时代的百家争鸣下发出自己的声音，在喧嚣吵闹的言论体系中占得一席之地，成为传统报刊进行媒介转型升级所要攻克的重要命题。

新媒体矩阵式新闻报道与传播形式的出现为传统媒体巩固自身地位，实现媒体转型提供了新的可能和方向。

《凤凰周刊》（PHOENIX WEEKLY）创刊于2000年，是香港凤凰卫视旗下一本时政刊物，特许在中国内地发行，在全球华人圈中享有很高的知名度和美誉度。近年来，《凤凰周刊》开始全面布局新媒体建设，着力打造新媒体矩阵化传播，进一步提高了新闻报道的传播效率与效果。

《凤凰周刊》一直定位于中高端人群，如政商学精英、知识分子等，因此，尽管发行受到一定限制，发挥新媒体作用成为其一个重要发展方向，但《凤凰周刊》的官方网站直到2009年下半年才正式开通。与其他同类型杂志不同的是，《凤凰周刊》官网提供的是有偿阅读服务，目前仍有部分内容需要订阅才能阅读，这在已经习惯了免费大餐的读者面前显得有些另类。

为进一步提升自身媒体影响力，顺应当前年轻群体的媒介使用习惯，除了网站和客户端，自2017年《凤凰周刊》还陆续在各社交媒体平台，如微信、微博、今日头条、抖音等注册了官方账号，纵横交错，形成强大的传播"合力"，进一步提升了媒体自身传播力、影响力、公信力。

一、平台互补，构建新媒体矩阵

"内容为王"对于杂志媒体来讲永不过时。《凤凰周刊》的网站更像是纸质杂志内容的延伸，微博、头条号、客户端（App）的发布形式更为多样灵活，《凤凰周刊》在成功打造微信公众号"凤凰WEEKLY"并形成品牌后，头条号、抖音号也移植了这一品牌，譬如《凤凰周刊》在抖音平台更倾向于"有趣、有料又好看"的视频传播，在西瓜视频平台则更加注重市井视频资讯新闻传播，而在微信公众号的传播方式更适合带有深度的内容，形成了以公众号为主要抓手的新媒体传播矩阵。

《凤凰周刊》官方微信公众号"凤凰WEEKLY"创建于2017年4月，

开始与其他很多媒体一样，公众号仅仅作为传统媒体的搬运工，阅读量不高，并未吸引太多关注。但"凤凰WEEKLY"公众号面对窘境力求改变，决定生产更加适合新媒体的原创内容，做"有温度、有情感、有趣味的新媒体"，在摸索中不断前进。在内容上，依然围绕母刊所擅长的社会热点时事、政治、文化等领域，得以借助于已有基础。在选题上，力求与读者站在一起，聚焦读者经历的真实问题。在形式上，注重每一处细节，"封面图、标题、导语、开头、小标题、配图、结尾、流畅的阅读、恰当的逻辑线条、排版、促转发的优秀结尾、互动引导缺一不可"。特别是标题的制作，"凤凰WEEKLY"的主编周宇在谈论成功之道时指出，标题要凸显内容冲突，形成句式张力。同时，在语言方面，放下母刊严肃时政杂志的身段，善于用轻松调侃的语言风格迅速吸引读者。

自成立运营以来，"凤凰WEEKLY"仅用三年多时间就赢得粉丝量达200多万，爆款频出。由其原创发表的《疫苗事件七日后》推文，推出不到24小时，阅读量便已突破千万大关，为"凤凰WEEKLY"增加粉丝18.2万。

《凤凰周刊》的微博官方账号，综合运用文字、图片、音视频等形式对新闻事件进行及时发布、对进展过程进行深度追查，平均日更博量达50+条，日微博内容阅读量达100万+，与粉丝互动数量达每日5万+。报道内容上，较多通过标题+话题+内容的格式进行信息传播，不仅报道热点社会新闻事件、时政等较为严肃的硬新闻，还囊括让人想要参与的话题投票设置，深受用户喜爱，截至2021年3月官方粉丝总量达2175万。

《凤凰周刊》官方头条号同样使用"凤凰WEEKLY"的名称，该头条号基于头条平台对用户数据形成的框架模型，在经过深度信息检索、挖掘、分析后针对用户属性为用户精准推送信息。"做市井中最有深度的灵魂"是"凤凰WEEKLY"在头条号中的服务定位。为了尽可能适应用户的文化程度水平及媒介使用习惯，它设置了文章、视频、微头条、音频、小视频等专栏，结合各专栏的媒介形态性质进行信息产品的编辑报道传播，内容形态既包含有深度、有思想的长文章推送，也包含简单易理解的短文、小视频传播，基于用户的兴趣喜好，满足用户在各种场景下的阅读需要。截至2021年3月，"凤凰WEEKLY"进驻头条平台获赞309万，粉丝数有113.9万。此外，2020年年底还开通了抖音官方账号，同样命名为"凤凰WEEKLY"，截至2021年3月粉丝数量142.6万。

二、创新团队管理，打造复合型人才矩阵

为了进一步拥抱新媒体建设孵化全媒体人才，《凤凰周刊》团队内部在人才培养与吸纳上，将原有的采编写人员进行全新培训学习，无论是对无人机、VR/AR等新技术、新设备、新应用的学习，还是文案创新写作、专业领域研究、新媒体思维等内化提升，都朝着复合型媒体人才努力发展。另外，在引进人才方面，积极引进跨专业、跨领域人才，打破传统用人方法，创新团队管理运营，形成集多行业、多领域于一体的新媒体人才矩阵，为进一步传播更有思想、有温度、有品质的新闻作品提供专业人才保障。

首先，在人员布局方面，从统到分。微信公众号"凤凰WEEKLY"创办初期，主要依托原有杂志编辑进行内容生产，这一点非常关键。但随着原创内容的增多，擅长新媒体写作的新成员不断加入，逐渐组建起新的内容运营团队。"随着新媒体部门业务水平的不断提高，编辑部门的写作已被淘汰。最后的结果是，新媒体里，编辑部的人逐渐减少，最后减为一个，然后那一个也走了，发展到现在，新媒体完全没有编辑部的人员了。"一方面，杂志的新媒体账号形成自己的风格，更为幽默、活泼，互动性更强；另一方面，《凤凰周刊》也完成了团队布局，编辑部与新媒体部两个团队各司其职，形成不同专长的人才矩阵。

其次，在人员分工方面，从分到统。为了适应新媒体特点，使文字、

图片、动画、表情包及互动形式成为一个整体，"凤凰 WEEKLY"改变原有分工，着力培养复合型、全流程媒体人才。所有人都要熟悉从撰写到排版、发布各个环节的流程，从内容生产源头就贯之以用户思维，同时也更便于对每一环节进行复核、总结，进一步优化流程。此外，还建立了热点联合写稿制度，挑选出擅长热点稿写作的两三个人组成"突击队"，与相关领导、编辑演练磨合，当热点来临时，立即启动。

通过上述团队管理创新，《凤凰周刊》及其各新媒体平台的内容和形式更加统一，也更加符合所发布媒体的特点，受众需求得到满足，复合型人才矩阵得以建立，形成了新的竞争力。

三、摒弃情绪煽动，构筑综合信息矩阵

相对于传统媒体，一些新媒体为了获得更多流量，往往会通过情绪煽动吸引更多用户。《凤凰周刊》各新媒体平台的文章由于传统媒体的基因反而能守住底线，使读者并不是获得"单纯的情绪、情感，而是尽最大可能让读者有收获，包括视野、视角、知识盲点、价值观，等等"。由于独特的地缘优势，《凤凰周刊》及其各新媒体平台能够为内地读者提供更多的信息、事实与不一样的见解和视角，而不是成为只为读者提供情绪宣泄的窗口。

以"凤凰 WEEKLY"为例，除了在发挥热点事件以及财经、国际、海外等《凤凰周刊》的传统优势领域，还将"稀缺报道"作为一个重要内容，关注其他媒体没有注意到的选题，为读者传递更多信息。除了"凤凰 WEEKLY"，《凤凰周刊》在微信平台还开设了"凤凰 WEEKLY 财经""世界知识局""脱氧核甜"等不同类型的公众号，针对不同读者进行不同风格信息的生产，通过多角度叙事、不同领域专业人才解读，不仅使得已有的忠实粉丝感到欣喜，同时更能吸引潜在的新粉丝来壮大用户规模，创造更多价值。账号与账号之间也并非孤立存在，而是通过每篇推文下的《凤凰

周刊》的内容矩阵盒子相联系，综合多元的信息矩阵既能够让用户避免因长期接受单一信息成为"单向度的人"，同时也能在账号与账号之间相互引流。

综上所述，任何一家传统媒体的转型升级都需要结合自身的媒介定位，从媒体自身角度与特点出发，运用新媒体思维进行积极融合，从而才能建立起统一完整的新媒体运作体系。当前部分媒体平台的盲目扩张，只学到"面子"而没有深挖"里子"的表层媒体转型，除了会造成我们都能看得见的、显性的大量财力、物力、人力资源浪费，也不可避免地会造成我们看不见、隐性的，媒体在公众心目中长期塑造起来的公信力建设的损失。《凤凰周刊》的新媒体矩阵建设集平台建设、团队管理、内容深耕于一体，通过打造综合立体的多媒体传播矩阵协同发展，实现了平台与平台之间的联动配合、取长补短、有的放矢，充分发挥各平台属性的优势及特色；通过创新团队管理，大力吸纳引荐跨专业新媒体人才，拥抱互联网思维，打造出一支多领域、多行业的综合型媒体人才矩阵，创新了媒体平台自身的传播形式、内容设置、发展模式，为读者打造出形式新颖、内容多元丰富的高质量信息传播平台；通过摒弃依靠情绪煽动传播来获取流量，恪守媒体职业道德底线，有利于树立并保持在新旧读者心中的媒体公信力，而综合多元信息矩阵也有益于读者获取新视角、感知新思维，满足日益增长的多样化、个性化信息需求。因此，笔者认为《凤凰周刊》的新媒体转型路径探索是传统媒体进行媒介融合创新发展的典范，可以为其他媒体转型发展提供参考借鉴。

参考文献

[1] 罗杰·菲德勒. 媒介形态变化：认识新媒介[M]. 北京：华夏出版社，2000：19.

[2] 王伟. 论传统媒体转型成功之道——以《凤凰周刊》为例[J]. 传播力研究，2020，4（21）：55-56.

[3] 郝开. 严肃媒体也可以这么"不严肃"？《凤凰周刊》公号转型这一年[EB/OL].（2018–08–08）[2020–10–20]. https://finance.ifeng.com/c/7fJNZiTYTif.

[4] 腾讯媒体研究院.《凤凰周刊》主编周宇：从传统杂志到微信百万大号，转型成功的秘诀是什么？[EB/OL].（2020–06–10）[2020–10–20]. https：//new.qq.com/rain/a/20200610A0SC7200.